Heiner Baumgarten, Dirk Dujesiefken
Janina Reuther, Thomas Rieche

Baumpflege im Jahresverlauf

Schnittzeiten im Einklang mit dem Naturschutz

im Vorwort mit Beiträgen von

Dr. Joachim Bauer (GALK)
Lutze von Wurmb (BGL) und
Prof. Dr. Hubert Weiger (BUND)

Haymarket Media

Die in diesem Buch enthaltenen Empfehlungen und Angaben sind von den Autoren mit größter Sorgfalt zusammengestellt und geprüft worden. Eine Garantie für die Richtigkeit der Angaben kann aber nicht gegeben werden. Autoren und Verlag übernehmen keinerlei Haftung für Schäden und Unfälle.

Redaktionsleitung:
Prof. Dr. Dirk Dujesiefken
IfB Institut für Baumpflege GmbH & Co. KG
Brookkehre 60, 21029 Hamburg
Telefon: +49 40-7 24 13 10
E-Mail: dirk.dujesiefken@institut-fuer-baumpflege.de
Internet: www.institut-fuer-baumpflege.de

Bibliographische Information der Deutschen Bibliothek
Die Deutsche Bibliothek verzeichnet diese Publikation in der Deutschen Nationalbiographie; detaillierte bibliographische Daten sind im Internet über http://dnb.dnb.de abrufbar.

2., überarbeitete und erweiterte Auflage 2019

Postfach 8364, 38133 Braunschweig
Tel.: +49 531-38 00 4-0, Fax: +49 531-38 00 4-25
E-Mail: info@haymarket.de
www.baumzeitung.de; www.taspo.de

Die im Buch verwendeten Fotos stammen in der Regel von den Autoren, außer auf Seite 26 (Dr. Horst Stobbe), Seite 58 und 59 (Oliver Gaiser) und Seite 74 (Daniel Andersson). Die Zeichnungen auf der Titelseite sind von Dr. Gunnar Kleist.

Herstellungskoordination: Anja Pieper
Satz: deckermedia GbR, Rostock
Druck: Sigert GmbH Druck- und Medienhaus, Braunschweig
Printed in Germany

ISBN 978-3-87815-267-5

Vorwort der GALK

Mit der Novellierung des § 39 (5) des Bundesnaturschutzgesetzes hat der Gesetzgeber vor allem in den Kommunen mehr Verwirrung als Klarheit geschaffen, indem die äußerst wichtigen Belange des Artenschutzes mit Vorgaben zur Gehölz- und Baumpflege verbunden wurden. Die vorliegende Ausarbeitung zum Thema Schnittzeiten bei der Baumpflege war somit überfällig, obwohl sie eigentlich gar nicht notwendig gewesen wäre, nämlich dann, wenn der Gesetzgeber im Rahmen seiner Föderalismusreform den Praxisbezug seiner Gesetzesänderungen in den Vordergrund gestellt hätte.

Grundsätzlich wird das Bestreben, einen guten Kompromiss zwischen Gehölz- und Baumpflege sowie Artenschutz zu erzielen, begrüßt. Insofern ist die Definition einer einheitlichen Schnittzeitenregelung wichtig. Der Spielraum der Interpretationen und die damit verbundene Verunsicherung bei den Betroffenen, den z. B. der Begriff „gärtnerisch genutzte Grundflächen“ bewirkt hat, sind dagegen nicht zu rechtfertigen. Selbst innerhalb des Bundesumweltministeriums tat man sich bei der Definition des Begriffes schwer und musste seine erste Aussage später revidieren. Einige Bundesländer legten den Begriff dann wesentlich weiter aus, andere äußerten sich bis heute nicht dazu.

Vor diesem Hintergrund ist es hoch anzuerkennen, dass die Autoren dieses Buches sich des komplexen Themas angenommen haben, um die Lücken der Gesetzgebung zu füllen. Zu begrüßen ist hierbei vor allem die fachlich fundierte Argumentation, die insbesondere für die Kommunen eine konkretisierte Vorgabe für ihr Handeln bietet. Mit dem Erscheinen der überarbeiteten Fassung des Buches liegen nun bundeseinheitliche, unmissverständlich formulierte Regelungen für das Thema Baumschnitt und Artenschutz vor, die auch in der Praxis vor Ort umsetzbar sind.

Für die Menschen in unseren Städten ist das Thema von großer Bedeutung. Sie wollen eine intakte Umwelt, in der auch immer mehr unserer heimischen Tier- und Pflanzenarten ein Zuhause und Schutz finden. Sie fordern aber auch nutzbare, gut gestaltete und gepflegte und vor allem auch verkehrssichere Grünflächen.

Dr. Joachim Bauer
Sprecher des GALK Arbeitskreises
Stadtbäume

Vorwort des BGL

Bäume üben vielfältige positive Wirkungen aus. Sie sind prägender Teil des Stadtbildes, filtern Stäube und Schadstoffe aus der Luft, spenden Schatten und verbessern das Kleinklima. Verglichen mit ihrem natürlichen Standort, sind insbesondere Stadtbäume verstärkt sehr vielen Belastungen ausgesetzt. Umso wichtiger sind daher eine nachhaltige Planung, die fachgerechte Pflanzung und Pflege und der Schutz von Bäumen.

Die Erhaltung gesunder, vitaler und verkehrssicherer Bäume unter Berücksichtigung eines arttypischen Kronenbildes ist das vorrangige Ziel der Baumpflege. Sie ist ein sehr komplexes, umfassendes Gebiet, das sich ständig weiterentwickelt. Neues aus Praxis und Forschung fließt stetig in eine moderne Baumpflege ein. Basis für eine gute Baumpflege sind ein aktueller Kenntnisstand und eine ständige Weiterbildung. Baumpflegefachbetriebe garantieren eine fachgerechte Ausführung aller Arbeiten.

Im Bundesnaturschutzgesetz stehen Baumschutz und Artenschutz gleichberechtigt nebeneinander. Die Berücksichtigung der Physiologie des Baumes und damit die Vorteile einer Baumpflege während der Vegetationszeit dienen speziell der Erhaltung des Baumes als Art und damit auch der Sicherung der Lebensstätte baumbewohnender Tierarten. Qualifizierte Unternehmen, die sich auf Baumpflege spezialisiert haben, haben schon immer Rücksicht genommen auf den Schutz wild lebender Tierarten gemäß § 39 BNatSchG und weitergehend den besonderen Artenschutz nach § 44 BNatSchG in die Baumpflege integriert. In Zweifelsfällen sollte aber immer eine Rückfrage bei der zuständigen Behörde erfolgen.

Der BGL begrüßt die Ergebnisse der Autoren dieses Buches, die den naturschutzrechtlich relevanten Begriff der „gärtnerisch genutzten Grundflächen“, die durch eine gärtnerische Gestaltung, Herrichtung und Pflege geprägt sind, so klar herausgearbeitet und definiert haben. Dieser pragmatische Ansatz lässt gerade in Privatgärten Spielraum für praxisgerechte Baumpflege ganz im Sinne gesunder Bäume. Besonders geschützt sind Bäume als Naturdenkmäler oder über Baumschutzsatzungen, die es gegebenenfalls zu beachten gilt.

LUTZE VON WURMB
Präsident des Bundesverbandes
Garten-, Landschafts- und
Sportplatzbau e. V.

Vorwort des BUND

Bäume sind in den Siedlungen und Städten zu einem steten Begleiter des Menschen geworden. An heißen Sommertagen spenden sie uns Schatten, kühle Luft und Lebensqualität. Im Herbst tröstet uns ihr buntes Laub über die ersten kalten Tage, und nach dem Winter sind die austreibenden Blätter verlässliche Frühlingsboten. Ohne sie könnten wir uns das Leben in der Stadt gar nicht mehr vorstellen. Aber nicht nur für den Menschen, sondern auch für viele kleine und etwas größere Tiere sind Bäume Lebensraum und Nahrungsgrundlage. Je älter und größer ein Baum werden kann, desto wertvoller wird er für Natur und Umwelt. Stadtbäume leiden unter den widrigen Bedingungen ihres Umfelds. Deshalb ist eine sachgemäße Baumpflege dringend geboten. Baumpflege ist ein oft heftig und kontrovers diskutiertes Thema. Denn es gibt einen objektiven Konflikt zwischen optimalem Arten- und Baumschutz. Was für einen Baumpfleger ein Schadsymptom ist, ist gleichzeitig für einen Naturschützer eine potenzielle Habitatstruktur und ein Lebensraum. Diesen Konflikt kann dieses Buch nicht lösen, wohl aber arbeitet es diesen auf. Damit schafften die Autoren eine wichtige Voraussetzung für sachgemäße Lösungen, und dies ist sein besonderer Wert.

Der BUND nimmt die optimale Pflege, d. h. den Erhalt großer alter Bäume auch innerhalb der Brut- und Setzzeiten sehr ernst, weil ein Ersatz durch Nachpflanzung für die im Zuge der Klimaerwärmung immer wärmer werdende Erde nur ein unzureichender Ausgleich sein wird.

Um den Konflikt zwischen Artenschutz und optimalem Baumschutz im Einzelfall zu entschärfen, wünscht sich der BUND von den Kommunen die Führung eines erweiterten Baumkatasters: In diesem sollte für jeden Baum vermerkt werden, ob bei der Baumpflege Höhlen, Vogelnester oder gar Nachweise von Fledermäusen und seltenen Käfern festgestellt wurden. Ein solches fortzuschreibendes, „lernendes Baum- und Artenschutzkataster" würde die Abwägung und Entscheidung, wann der für die Baumpflege günstigste Zeitpunkt ist und wie man diesen mit der geschützten Vegetationsperiode zwischen dem 1. März und dem 30. September in Einklang bringen kann, deutlich erleichtern. Das Buch liefert hierfür gute Grundlagen.

Prof. Dr. Hubert Weiger
Vorsitzender Bund für Umwelt
und Naturschutz Deutschland e. V.

Inhalt

Schnittmaßnahmen in der Vegetationszeit: Zwischen fachgerechter Baumpflege und Artenschutz muss es keinen Widerspruch geben.

1. Einleitung

In der Vergangenheit wurde die Baumpflege traditionell in den Wintermonaten durchgeführt. Diese Tradition hat viele Gründe; es gibt hier einen Zusammenhang mit dem Einschlag im Forst und der Brennholzerzeugung, die schon immer im Winter stattfand. Man war der Meinung, dass Schnittmaßnahmen in der Vegetationsruhe für den Baum am verträglichsten sind, da er sich in der Ruhephase befindet. Zum anderen gab es Aspekte des Naturschutzes, speziell des Vogelschutzes, warum man Schnittarbeiten an Bäumen generell in den Wintermonaten durchführte.

Langjährige Untersuchungen über die Wundreaktionen von Bäumen ergaben jedoch, dass die Effektivität der Abschottung und die Überwallung von Wunden stark vom Zeitpunkt der Verletzung abhängen. Vor allem bei Laubbäumen sind die Wundreaktionen in den Wintermonaten am schwächsten und deswegen nachteilig für den Baum.

Die maßgebliche Regelung für die Baumpflege im Jahresverlauf findet sich im neuen Bundesnaturschutzgesetz (BNatSchG), und speziell in der neu geschaffenen Vorschrift des § 39 Abs. 5 BNatSchG, die einen allgemeinen Habitatschutz begründet. Die Artenschutzbestimmungen des Bundesnaturschutzgesetzes regeln, dass bestimmte Schnittmaßnahmen an Bäumen, „die außerhalb des Waldes, von Kurzumtriebsplantagen oder gärtnerisch genutzten Grundflächen stehen", verboten sind. Damit entstand ein scheinbarer Widerspruch zwischen den wissenschaftlich fundierten Erkenntnissen zum Baumschnitt und den rechtlichen Bestimmungen nach dem BNatSchG.

Dieses Buch weist zunächst kurz auf die Bedeutung von Bäumen als Lebensraum hin und gibt einen Überblick über die baumbiologischen Aspekte zu diesem Thema. Darauf aufbauend wird herausgearbeitet, was entsprechend dem Bundesnaturschutzgesetz hinsichtlich der „gärtnerisch genutzten Grundflächen" und „der schonenden Form- und Pflegeschnitte" zu verstehen ist, und es wird auf den scheinbaren Widerspruch zwischen Artenschutz und fachgerechter Baumpflege eingegangen. Seit der ersten Auflage dieses Buches gab es in diesem Zusammenhang einige Veränderungen, die vorgestellt und diskutiert werden. Das abschließende Kapitel führt die Ergebnisse der vorherigen Ausführungen zusammen und gibt der Praxis einen Leitfaden für eine fachgerechte Baumpflege im Jahresverlauf.

2. Bäume in der Stadt

Heiner Baumgarten

2.1 Probleme mit dem Stadtstandort

Stadtbäume haben eine herausragende Bedeutung für den Lebensraum Stadt. Für den Menschen sind die Wohlfahrtswirkungen der Bäume in der Stadt mehrfach dokumentiert hinsichtlich ihrer physiologischen und psychologischen Bedeutung.[1] Sie sind Gestaltungselement in Straßen, Parks und in Privatgärten, Staubfilter in belasteten Stadtquartieren, spenden Schatten in überhitzten Städten im Sommer und sind Lebensraum für viele Tier- und auch Pflanzenarten. Der Lebensraum für den Baum selbst ist dabei häufig ein Extremstandort: Der Boden ist nicht natürlich gewachsen, sondern der Wurzelraum für den Baum wird durch eine „Pflanzgrube" definiert – heißt: eingeschränkt – und mit „Pflanzsubstrat" gefüllt. Die Wasserversorgung des Baumes ist oft nur durch Bewässerung aufrechtzuerhalten und das dem Baum zufließende Oberflächenwasser ist oft mit Schwermetallen, organischen Schadstoffen oder Salzen aus dem Winterdienst belastet. Die Entwicklung der Krone wird durch angrenzende Bebauung oder durch Bedingungen aus dem Straßenverkehr künstlich eingeengt. Die Luftfeuchte ist besonders niedrig bzw. unterliegt je nach Wetterlage starken Schwankungen, und die Windverhältnisse sind aufgrund der Bebauung häufig geprägt durch verstärkende Windschneisen bzw. -düsen. Die Entwicklung von Schadorganismen – insbesondere der eingewanderten Arten – ist im Stadtklima oft extremer als in freier Landschaft.

Diese Faktoren sind bei Straßenbäumen oder in den Blockinnenbereichen der Großstädte besonders markant, sind aber auch bei Bäumen im Park relevant. Neben diesen durch den Standort bedingten Nachteilen und den diversen Umwelteinflüssen spielen zunehmend mechanische Belastungen eine Rolle: Anfahrschäden in Straßen, auf Plätzen oder auch in einigen Hofsituationen an Stamm und Krone oder Stammschäden durch neue Freizeitaktivitäten wie Slack-Lining oder Kletterparks auch in Parkanlagen.[2] Zu den mechanischen Beeinträchtigungen zählen aber auch die notwendigen Schnittmaßnahmen an Bäumen z. B. entlang von Straßen, um das notwendige Lichtraumprofil für LKW, aber auch Fußgänger und Radfahrer herzustellen.[3]

Immer schwieriger werden die Lebensverhältnisse für Stadtbäume in den aktuellen Neubaugebieten. Nicht nur der akute Wohnungsbedarf in den Ballungsräumen führt zu immer mehr überbauter und versiegelter Fläche und verdichteten Bauweisen, die kaum noch Raum für Baumneupflanzungen bieten. Verbleibende Freiflächen sind dann für die gesunde Entwicklung von Bäumen weniger geeignet. Doch auch die klassischen Einfamilienhausgebiete wandeln ihr Gesicht: Hohe Grundstückspreise führen zu sehr kleinen Privatgrundstücken, die – wenn nicht für Terrasse und Autostellplätze befestigt – heute oft mit Steinlagen bepackt und „gestaltet" werden. Baum und Strauch sind dann oft nur noch Dekoration auf einem mit Folie und Dekorkiesel abgedeckten Boden.

Abb. 1: Minimalistische Baumscheiben für alte Kastanien: zugepflastert und zugeparkt; Bamberg.

Stadtbäume sind also mit vielen Stressfaktoren konfrontiert. In der Regel sind die notwendigen Pflegemaßnahmen für Bäume in den Kommunen auf solche konzentriert, die die Verkehrssicherheit gewährleisten: Totholzentfernung, Herstellung und Sicherung des Lichtraumprofils etc. Nur selten steht die Pflege des Baumstandortes (Boden, Wasserhaushalt, Nährstoffversorgung etc.) auf der Pflegeliste, um die Gesundheit des Baumes oder seine gesunde Entwicklung zu fördern. Zur Baumpflege im Jahresverlauf gehören aber gerade diese jahreszeitlich abgestimmten Aufgaben, um bei weiter zunehmender Häufigkeit von Wetterextremen gesunde Bäume in der Stadt zu erhalten. Deshalb benötigen Stadtbäume eine intensive Pflege und einen besonderen Schutz vor Beeinträchtigungen.

Die besonderen Standortverhältnisse in der Stadt sind für viele einheimische Arten nicht oder sehr eingeschränkt geeignet. Deshalb werden in den städtischen Straßen und Parks zunehmend auch nicht heimische Arten aus Südeuropa oder anderen Teilen der Welt gepflanzt. Diese Arten sind gegenüber den Klimaextremen oft toleranter und zeigen dennoch ein gesundes Wachstum. Aktuell wird deshalb viel über die verstärkte Anpflanzung weiterer, dem sich ändernden Klima in den Städten besser angepasster Arten diskutiert und in Versuchsreihen geprüft, welche Arten in Zukunft am besten geeignet scheinen, den veränderten Bedingungen Stand zu halten. Allerdings haben wir in unseren Städten bereits seit Jahrzehnten Baumarten verwendet, die mit den speziellen Standorten „zurechtkommen". Wenn man so will, haben wir bereits sog. „Klimabäume" in den Städten. Trotz durchgeführter vergleichender Testreihen wissen wir, dass die Ergebnisse mit getesteten Baumarten und -sorten aufgrund der Erfahrungen in den verschiedenen Regionen Deutschlands immer wieder fortgeschrieben oder korrigiert werden müssen, wenn sich die Baumarten nach Jahrzehnten doch nicht so bewährt haben wie zunächst angenommen. Wir wissen also nicht sicher, ob die heute verschiedentlich propagierten „Klimabaumarten" in 20 bis 40 Jahren tatsächlich noch funktionieren. Die Deutsche Gartenamtsleiterkonferenz (GALK e. V.) gibt deshalb schon seit 1976 eine ständig fortgeschriebene Straßenbaumliste heraus, die als Entscheidungshilfe für die Stadt- und Landschaftsplanung verwendet wird.[4] Im Ergebnis empfiehlt sich für die Praxis, bei Baumpflanzungen in den Städten auf eine hohe Artenvielfalt zu setzen und einer optimalen Standortvorbereitung und -pflege wieder mehr Bedeutung beizumessen. Dabei darf keinesfalls auf die heimischen Arten verzichtet werden, weil sie für den Natur- und Artenschutz von besonderer Bedeutung sind.

2.2 Artenschutz und Stadtbäume

Auch wenn der Stadtbaum in seinem Lebensraum und seinen Lebensbedingungen in der Stadt stark eingeschränkt ist, ist er selbst wichtiger Lebensraum für viele Arten. Abhängig von Art, Wuchseigenschaften und Standort bietet er vielen Vogelarten Brutraum, Insekten Nahrungs- und Entwicklungsraum, Fledermäusen Überwinterungs- oder Sommerschlafplatz oder verschiedenen Pflanzenarten epiphytischen Lebensraum (Flechten, Moosen etc.).[5] Deshalb ist der Schutz von Stadtbäumen eine herausragende Aufgabe des Naturschutzes und der Stadtökologie der kommunalen Grünflächenämter. Eine moderne fachgerechte Baumpflege kann diese Aufgabe unterstützen und ist sogar in vielen Fällen eine Voraussetzung für die Sicherung von Lebensstätten auf und in Bäumen.[6] Auf die gesetzlichen Verpflichtungen zur Berücksichtigung des Artenschutzes wird in Kapitel 4 dieses Buches eingegangen. Spezielle fachliche Informationen zum Schutz von Lebensräumen auf und in Bäumen sowie spezifische Anforderungen von baumbewohnenden Arten finden sich bei DIETZ und WURST (2014).[7] Die Belange des Artenschutzes sind aber nicht nur in Zusammenhang mit der Baumpflege von Bedeutung, sondern – wie in Kapitel 2.1 angedeutet – umfassend auf die Entwicklung von Stadtbäumen zu betrachten.

Die Artenauswahl der Straßen- und Parkbäume erfolgt überwiegend nach den Rahmenbedingungen, die der Standort bietet, oder auch nach gestalterischen Aspekten. So werden häufig nichtheimische, aber standortgerechte Baumarten gewählt. Gleichzeitig wird damit aber vielen Tier- und Pflanzenarten der Lebensraum entzogen, da sie auf heimische Arten spezialisiert sind. So weisen DIETZ und WURST (2014)[8] zu Recht darauf hin, dass z. B. an unseren heimischen Eichenarten allein 900 Käferarten vorkommen, von denen rund 630 direkt im oder am Holz der Eichen leben und davon wiederum die meisten den hohen Schutzkategorien angehören. Ähnlich hoch ist die unmittelbare Abhängigkeit vieler weiterer Insektenarten.

Angesichts des akuten Insektenschwunds in den letzten Jahren sind deshalb heimische Baum- und Straucharten zu bevorzugen, die nicht nur Lebensstätte spezialisierter Arten sind, sondern allgemein das Nahrungsangebot für Insekten in der Stadt bieten. Aufgabe der Planung in den Städten ist es dann, die geeigneten Standorte für diese Arten zu sichern. Die Grünflächen- und Baumpflege in den Kommunen ist dafür verantwortlich, dass Schnittmaßnahmen zum „richtigen" Zeitpunkt stattfinden. Immer wieder ist festzustellen, dass frühblühende Arten wie Schlehe, Vogelkirsche, Traubenkirsche, Haselnuss etc. insbesondere in den Monaten Januar und Februar sehr stark zurückgeschnitten werden, sodass eine Blüte und damit ein Nahrungsangebot für Insekten in den Monaten April/Mai ausbleibt.

Altbäume und – insbesondere stehendes – Totholz sind für viele Insektenarten wertvoller Lebensraum und zugleich Nahrungsquelle für diverse Vogelarten. Dieser Zusammenhang leuchtet sofort ein, aber einige baumbewohnende Arten benötigen im Umfeld weitere Teillebensräume. In Baumhöhlen leben oft Fledermausarten, die in der Nähe geeignete Jagdreviere auf Insekten, z. B. über kleinen Teichen oder Seen, benötigen. Eine Störung dieses Zusammenhangs kann eine Gefährdung der Art in diesem Lebensraum auslösen. Vor einer Durchführung von Baumpflegemaßnahmen sollten solche Verflechtungen geklärt werden und die Maßnahmen vom Umfang und Zeitraum her auf das Schutzbedürfnis abgestimmt werden. Diese Betrachtungen sind insbesondere bei umfangreicheren Maßnahmen in zusammenhängenden Beständen, z. B. in großen Parkanlagen, anzustellen.

Abb. 2: Sommer-Wohnstube für Fledermäuse in einer alten Astwunde und -morschung einer Pappel.

Für große Parkanlagen empfiehlt es sich, zum Schutz geschützter Tier- und Pflanzenarten eine Erfassung der nach § 30 BNatSchG unmittelbar geschützten Biotope durchzuführen und die wichtigsten Tierartengruppen zu erfassen. In Zusammenhang mit der Baumpflege wären dies vor allem die Fledermaus- und Vogelarten. In Hamburg wurden z. B. vor dem Bau des Wilhelmsburger Inselparks die Fledermäuse, Vögel, Amphibien und Schmetterlinge und ihre Lebensräume erfasst, um deren Vorkommen und Sicherung während der Bauphase und der späteren Pflege des Parks berücksichtigen zu können.[9]

2.3 Werden Grünflächen gärtnerisch genutzt und gepflegt?

Nach ihrer planerischen Einordnung werden Grünflächen im Rahmen der Stadtentwicklung primär für die Erholung und Freizeitnutzung sowie zur gestalterischen Gliederung der Stadt angelegt. Nach § 9 Abs. 1 Nr. 15 Baugesetzbuch werden „die öffentlichen und privaten Grünflächen wie Parkanlagen, Dauerkleingärten, Sport-, Spiel-, Zelt- und Badeplätze, Friedhöfe" gemäß ihrer konkreten

Zweckbestimmung festgesetzt. Die Baunutzungsverordnung (Verordnung über die bauliche Nutzung der Grundstücke, Stand 23. Januar 1990) trifft hingegen keine weiteren differenzierten Aussagen zu zulässigen Inhalten der öffentlichen und privaten Grünflächen, wie sie dies etwa für Bauflächen macht. Auch die Planzeichenverordnung (Verordnung über die Ausarbeitung und die Darstellung des Planinhalts, Stand 18. Dezember 1990) enthält keine weiteren Differenzierungen und Erläuterungen. Einige Kommunen stellen in Vorbereitung oder parallel zu Bebauungsplänen allerdings Grünordnungspläne auf, in denen Maßnahmen zum Schutz und zur Entwicklung von Natur und Landschaft dargestellt werden. Einige Inhalte bekommen über Festsetzungen in den Bebauungsplänen allgemeine Rechtskraft, überwiegend bleiben die Inhalte allerdings Bestandteil der Planbegründungen und sind für die Pflege und Unterhaltung der Grünflächen von Bedeutung, denn vielfach werden auf diesem Weg die erforderlichen Maßnahmen für den Ausgleich von Eingriffen durch eine Bebauung beschrieben.

Zur dauerhaften Sicherung der vorgesehenen Funktion erfordern private und öffentliche Grünflächen nach ihrer Herstellung allerdings eine ständige, jeweils auf den Zweck ausgerichtete, gärtnerisch fachliche Pflege. Diese umfasst die Fertigstellungspflege unmittelbar nach dem Bau der

Abb. 3: Freizeitnutzung im Park, Wilhelmsburger Inselpark, Hamburg.

Anlage und auch die Entwicklungspflege während der gesamten Lebensdauer z. B. einer Parkanlage. Typische notwendige Pflegemaßnahmen sind:

- Der regelmäßige Schnitt von Rasen- oder Wiesenflächen, um die Funktion von Sport-, Spiel- oder Liegewiesen zu sichern.
- Der Pflegeschnitt an Stauden, Rosen und Ziergehölzen, um das geplante gestalterische Bild der Anlage zu erhalten und die Regeneration der Pflanzen zu fördern.
- Der regelmäßige Schnitt von Bäumen und Sträuchern, um auch unter der intensiven Freizeitnutzung eine gesunde Entwicklung der Gehölze zu gewährleisten oder ihre Verkehrssicherheit zu garantieren.
- Die Bodenbearbeitung und Bodenpflege, um Verdichtungen aufgrund hoher Nutzerfrequenz auszugleichen, ein optimales Bodenleben zu ermöglichen oder die notwendige Nährstoffversorgung der Pflanzen und damit ein gesundes Wachstum zu erzielen.

Abb. 4: Gärtnerische Pflege zur Sicherung von Gestaltung und Nutzung, Weltvogelpark Walsrode.

Parks und Grünflächen erfordern also zur Sicherung ihrer Funktion sowie zum Schutz der Vegetation permanent eine z. T. intensive gärtnerische Pflege, was eindeutig auf eine Klassifizierung als „gärtnerisch genutzte Grundfläche" schließen lässt (vgl. dazu Kap. 4.3.2).

Systematisch werden die Grünflächen einer Stadt bei den Flächenbilanzen zu den Siedlungsflächen gerechnet. Das heißt, sie sind Bestandteil einer Einheit aus Wohnen, Arbeiten und Freizeit. Deshalb ist es auch konsequent, wenn Ausweisung und Bau von Parkanlagen und Grünflächen der naturschutzrechtlichen Eingriffsregelung nach § 14 BNatSchG unterliegen, wobei zunächst offen bleiben kann, ob das Herstellen von Grünflächen tatsächlich „die Leistungs- und Funktionsfähigkeit des Naturhaushalts oder das Landschaftsbild erheblich beeinträchtigen" kann (vgl. § 14 Abs. 1 BNatSchG).

Wenn mit der Anwendung der Eingriffsregelung für den Bau von Grünflächen ein Ausgleich festgelegt und

Abb. 5: Feuchtbiotop im Park, Burgpark Lenzen in Brandenburg.

realisiert wird, wird damit auch konstatiert, dass die Funktionen für den Naturschutz auf dieser Fläche dauerhaft eingeschränkt sind, da durch eine entsprechende gärtnerische Pflege der Grünflächen dieser Zustand stabilisiert wird. Auch gibt es innerhalb von Grünflächen Bereiche, in denen – trotz der generellen Priorität für Erholungsfunktionen auf der Gesamtfläche z. B. eines Parks – der Naturschutz Vorrang haben kann. Innerhalb großer Grünflächen können zum Beispiel Naturdenkmäler (§ 28 BNatSchG), Geschützte Landschaftsbestandteile (§ 29 BNatSchG) oder Gesetzlich geschützte Biotope (§ 30 BNatSchG) liegen. Werden im Bebauungsplanverfahren Grünflächen ausgewiesen, sind die o. g. Bereiche festzustellen und entsprechend zu kennzeichnen. Wichtig ist, dass dabei die Schutz- und Entwicklungsziele konkret benannt und festgesetzt werden, damit sie im Pflegemanagement für die Grünfläche berücksichtigt werden können. Hier kann es sich sowohl um den generellen Ausschluss als auch um eine jahreszeitliche Einschränkung der Durchführung von Maßnahmen handeln.

Abb. 6: Parkanlage mit wertvollem Baumbestand benötigt eine regelmäßige Pflege, Branitzer Park, Cottbus.

2.4 Parks als Nutzungs- und Pflegeeinheit

Parkanlagen werden als reich strukturierte und für möglichst vielfältige Nutzungen geeignete Flächen geplant und gebaut. Ziel ist, dass für möglichst viele Nutzergruppen Angebote geschaffen und dauerhaft vorgehalten – d. h. durch entsprechende Pflege gesichert – werden. Die Gestaltung der Angebote richtet sich nach den empirisch ermittelten und bekannten Besuchsmotiven der Parkbesucher.[10] Abgeleitet aus den Ergebnissen solcher Untersuchungen und Befragungen von Parkbesuchern werden Neuplanungen oder auch Umstrukturierungen von Parks durchgeführt. Immer ist aber das Ziel, dass Parks so gepflegt und erhalten werden, wie es die Nutzer erwarten und wünschen. Die Realisierung und Sicherung eines optimalen Angebotszustandes wird allenfalls durch die begrenzte Verfügbarkeit von finanziellen und personellen Ressourcen eingeschränkt – eine Situation, die inzwischen in vielen Städten Realität ist.

Die Sicherung unterschiedlicher Angebote im Park und deren dauerhafte Pflege und Unterhaltung beruht im Wesentlichen auf gärtnerischen Maßnahmen, die kontinuierlich durchgeführt werden müssen. Hier handelt es sich um sehr vielschichtige Maßnahmen, die auf das Ziel der Gestaltung oder die gewollte bzw. angebotene Nutzungsmöglichkeit abgestellt sind. Eine Liegewiese oder Ballspielwiese erfordert eine regelmäßige Mahd, ein Rosen- oder Staudenbeet einen regelmäßigen Schnitt oder eine Bodenbearbeitung, ein Gehölz- oder Baumbestand einen regelmäßigen Form-, Erziehungs- oder Pflegeschnitt usw. Auch ein Feuchtbiotop, das zur Sicherung eines Artenvorkommens (Flora und/oder Fauna) oder aus Gründen der Umweltbildung oder der Erholungswirkung im Park angelegt oder erhalten werden soll, muss in der Regel gepflegt werden. Als Beispiel kann hier auch das Anlegen und Erhalten einer Schmetterlingswiese im Park genannt werden, die nur durch eine klare Zieldefinition in Verbindung mit eindeutigen Vorgaben gärtnerischer Pflegemaßnahmen (z. B. Zeitpunkt der Mahd, Förderung bestimmter Pflanzen) langfristig gesichert werden kann. Damit wird deutlich, dass innerhalb eines Parks mehrere Ziele nebeneinander und zeitgleich verfolgt werden können, wenn eine klare Zielformulierung vorliegt, die mit der primären Funktion und Bedeutung von Parks harmoniert.

Am konkreten Beispiel des Hamburger Stadtparks werden diese Zusammenhänge deutlich. Der Hamburger Stadtpark ist eine 148 ha große gestaltete Parklandschaft, die Angebote für sehr unterschiedliche Motive eines Parkbesuchs bietet: Waldbereiche (Sierichsches Gehölz) für Entspannung und Naturgenuss bei einem Spaziergang, Wiesen für Spiel, Lagern und Grillen, Gartenareale für Pflanzenliebhaber, Sportplätze für spezielle Sportarten, Wasserflächen zum Boot fahren oder Baden, viele Wege zum Joggen oder Radfahren etc. Dabei ist die Gestaltung des Parks so gehalten, dass unterschiedliche Raumsituationen (Milieus) entstehen, die unterschiedlichen Nutzern oder sozialen Gruppen zusagen. Die über Jahre und Jahrzehnte entstandene Gesamtsituation und die verschiedenen Milieus werden laufend durch eine gärtnerische Pflege gesichert oder auch neuen Anforderungen angepasst.

Für die Zeit nach der internationalen gartenschau hamburg 2013 (igs) wurde deshalb für den Wilhelmsburger Inselpark bereits vor seiner endgültigen Realisierung eine umfassende Pflege- und Entwicklungsplanung erarbeitet, die die Grundlage für alle Pflegemaßnahmen darstellt und laufend fortgeschrieben werden kann.[11] Alle Maßnahmen werden möglichst zum optimalen Zeitpunkt durchgeführt, gemessen an den Nutzungen und am ökologisch günstigsten Zeitfenster, um die Regeneration nach einem Pflegeeingriff möglichst optimal zu gestalten. Dies ist inzwischen ein Grundprinzip der gärtnerischen Pflege, da es den Bestand und die Qualität von Flora und Fauna schont und schützt sowie Kosten spart. Eine Differenzierung innerhalb der Parkanlage, dass einige Teile „gärtnerisch gepflegt" werden und andere, wie Liege- oder Sportwiesen, nicht, ist daher nicht zielgerecht und falsch.

---

1 Roloff, A., 2009: Baum und Mensch – über Wirkung und Nutzen von Stadtbäumen. In: Dujesiefken, D. (Hrsg.), 2009: Jahrbuch der Baumpflege 2009. Verlag Haymarket Media, Braunschweig, 79–91.

2 Detter, A.; Bischoff, F.; Brudi, E., 2009: Bäume in Hochseilgärten und Kletterparks – Aspekte einer aktuellen Nutzungsform. In: Dujesiefken, D. (Hrsg.), 2009: Jahrbuch der Baumpflege 2009. Verlag Haymarket Media, Braunschweig, 145–158. Trueb, E., 2011. Baumschutz und Baumpflege in der Schweiz – die unterschiedliche Herangehensweise je nach Region. In: Dujesiefken, D. (Hrsg.), 2011: Jahrbuch der Baumpflege 2011. Verlag Haymarket Media, Braunschweig, 19–26. Stobbe, H.; Dujesiefken, D.; Eckstein, D.; Schmitt, U., 2002: Behandlungsmöglichkeiten von frischen Anfahrschäden an Alleebäumen. In: Dujesiefken, D.; Kockerbeck, P. (Hrsg.), 2002: Jahrbuch der Baumpflege 2002. Verlag Thalacker Medien, Braunschweig, 43–55.

3 Aepfelbach, C.; Stuffrein, J.; Dujesiefken, D.; Weihs, U., 2008: Untersuchungen zum Lichtraumprofilschnitt an Straßenbäumen. In: Dujesiefken, D.; Kockerbeck, P. (Hrsg.), 2008: Jahrbuch der Baumpflege 2008. Verlag Haymarket Media, Braunschweig, 117–126.

4 GALK-Straßenbaumliste 2012; in: ProBaum 1/2012, S. 7–11; die Straßenbaumliste ist unter www.galk.de in der laufend aktualisierten Fassung einzusehen!

5 Gürlich, S., 2009: Die Bedeutung alter Bäume für den Naturschutz – Alt- und Totholz als Lebensraum für bedrohte Artengemeinschaften. In: Dujesiefken, D. (Hrsg.), 2009: Jahrbuch der Baumpflege 2009. Verlag Haymarket Media, Braunschweig, 189–198. Möller, G., 2012: Habitatbäume und Baumpflege – Erkennung, Erhalt und Entwicklung der Lebensräume rechtlich geschützter Käferarten. In: Dujesiefken, D. (Hrsg.), 2012: Jahrbuch der Baumpflege 2012. Verlag Haymarket Media, Braunschweig, 68–80. Binner, U., 2012: Erkennen von Quartierbäumen von Fledermäusen sowie deren Schutzmöglichkeiten. In: Dujesiefken, D. (Hrsg.), 2012: Jahrbuch der Baumpflege 2012. Verlag Haymarket Media, Braunschweig, 81–92. Butin, H.; Kehr, R., 2009: Rindenverfärbungen an Stadtbäumen durch Epiphyten. In: Dujesiefken, D. (Hrsg.), 2009: Jahrbuch der Baumpflege 2009. Verlag Haymarket Media, Braunschweig, 163–171.

6 vgl. Dujesiefken, D., 2014: Perspektiven für eine moderne Baumpflege. In: Dietz, M.; Dujesiefken, D.; Kowol, T.; Reuther, J.; Rieche, T.; Wurst, C.: Artenschutz und Baumpflege. Verlag Haymarket Media, Braunschweig, 14–23.

7 vgl. Dietz, M. und Wurst, C., 2014: Baumbewohnende Arten. In: Dietz, M.; Dujesiefken, D.; Kowol, T.; Reuther, J.; Rieche, T.; Wurst, C.: Artenschutz und Baumpflege. Verlag Haymarket Media, Braunschweig, 61–105.

8 vgl. Dietz, M. und Wurst, C., 2014; ebenda S. 79.

9 Baumgarten, H., 2014: Planung, Durchführung und Nachnutzung einer Gartenschau – Beispiel Hamburg. In: Roloff, A.; Thiel, D.; Weiss, H. (Hrsg.), 2014: Baumpflege und Naturschutz und Aktuelles zur Verwendung und Pflege von Stadtbäumen. Forstwissenschaftliche Beiträge Tharandt (Beiheft 16), Tagungsband Dresdner StadtBaumtage in Freital 13./14.03.2014, 153–164.

10 vgl. z. B. „Besucher- und Bedarfsuntersuchung im Altonaer Volkspark“, Freie und Hansestadt Hamburg, Umweltbehörde, 1999.

11 Knoll, S., 2012: igs Inselpark Pflege- und Entwicklungskonzept 2014+, Gestaltung durch Pflege, unveröffentlicht; Hamburg, Juni 2012.

3. Gibt es einen optimalen Schnittzeitpunkt aus biologischer Sicht?

Dirk Dujesiefken

3.1 Zur Historie der Baumpflege und Schnittzeit

Die Frage der Schnittzeit wird in den meisten Veröffentlichungen zum Kronenschnitt von Bäumen gar nicht behandelt (z. B. von Malek & Wawrik 1985; Harris et al. 1999; Clark & Matheny 2010). Im vergangenen Jahrhundert wurden Schnittmaßnahmen an Bäumen meist in den Wintermonaten durchgeführt (z. B. Mayer-Wegelin 1936). Diese Tradition hat viele Gründe; Baumarbeiten wie der Einschlag im Forst und die Brennholzerzeugung erfolgten schon immer in den Wintermonaten. Ein wesentlicher Grund war zudem der Vogelschutz, da bei Schnittarbeiten in den Wintermonaten das Brutgeschäft nicht gestört wird. Andere Fragen des Artenschutzes, wie z. B. der Schutz eines Winterquartiers von Fledermäusen, waren in der damaligen Zeit weniger im Fokus.

Seit den 1970er Jahren wuchs das Umweltbewusstsein der Bevölkerung deutlich und der Umweltschutz war erstmals auch Thema in der allgemeinen politischen Diskussion. Vor dem Hintergrund des „Waldsterbens“ wurde in dieser Zeit vor allem viel über Baumschutz gesprochen, Fällungen wurden zunehmend abgelehnt („Baum ab – nein danke“). Auch der Bedarf für Maßnahmen zur Herstellung der Verkehrssicherheit stieg, nachdem das Grundsatzurteil des BGH aus dem Jahr 1965 feststellte, dass die Verkehrssicherungspflicht beim Baumeigentümer liegt und dieser bei vorhersehbaren Gefahren, die von einem Baum ausgehen, haftet. In dieser Zeit gab es jedoch weder eine spezielle Ausbildung für diese Art von Tätigkeiten an Bäumen, noch Normen und Regelwerke oder eine Unterstützung aus der Forschung für diesen Bereich.

In den 1970er und 1980er Jahren zeigte sich, dass maßgebliche Methoden der damaligen Baumchirurgie unwirksam waren und das Leben der Bäume nicht verlängern konnten. Es handelte sich zudem um sehr große Eingriffe in die Bäume: Das radikale Absetzen von ganzen Kronenteilen, der Einbau von Gewindestangen und Plomben sowie das Ausfräsen von hohlen Bäumen war Baum schädigend. Darüber hinaus gingen durch diese Baumarbeiten auch aus naturschutzrechtlicher Sicht wertvolle

Abb. 7: Zu Zeiten der Baumchirurgie wurden Höhlungen in Stämmen, die auch Lebensraum für geschützte Arten sein können, bis auf das gesunde Holz ausgefräst und mit Holzschutzmittel oder Wundverschlussmittel vollflächig eingestrichen und somit zerstört. An größeren Wunden wurden zur Stabilisierung zudem noch Bolzen eingesetzt.

Bruträume und Mulmhöhlen verloren. Das Ausfüllen von Hohlräumen in Bäumen verschlimmerte dieses noch. Somit waren die Arbeiten, die bis dahin üblich waren, weder für die Bäume noch für die auf oder in den Bäumen lebenden Organismen günstig. Einzig die Ausführung von Schnittmaßnahmen außerhalb der Brutzeit von Vögeln schien mit dem Naturschutz in Einklang zu stehen.

Die Abkehr von den alten Methoden erfolgte dann nach und nach in den 1980er und 1990er Jahren. Die ZTV-Baumpflege ist heute das Regelwerk für diese Spezialarbeiten, beinhaltet den Stand der Technik und enthält die verschiedenen Maßnahmen zur Baumpflege sowie zur Herstellung der Verkehrssicherheit von Bäumen. In der heutigen Baumpflege wird sehr viel umsichtiger und vorsichtiger mit den Bäumen umgegangen als früher. Angestrebt wird eine regelmäßige Pflege mit einer vorausschauenden Behandlung. Das Fräsen und das Verfüllen von Höhlungen und Faulstellen sind nicht mehr Stand der Technik. Bei statischen Schwachstellen erfolgen Entlastungen in der Krone oder der Einbau von Kronensicherungssystemen.

In jüngerer Zeit wird zunehmend auch über die richtige Schnittzeit von Bäumen diskutiert (z. B. BILHARZ 2012, 2013). Hierbei werden Erfahrungen und Untersuchungsergebnisse aus dem Forst oder dem Obstbau herangezogen, die Wundreaktionen der Bäume als Entscheidungsgrundlage genommen oder Aspekte hinsichtlich des Artenschutzes und der Verkehrssicherheit angeführt. Die komplexe Frage des optimalen Schnittzeitpunktes soll in diesem Kapitel von mehreren Seiten beleuchtet werden. Weiterhin soll für die praktische Umsetzung in der Baumpflege der Bezug zur neuen ZTV-Baumpflege (2017) hergestellt werden.

3.2 Welcher Baum und welcher Schnitt ist gemeint?

Zur Beantwortung der Frage der optimalen Schnittzeit muss zunächst geklärt werden, von welchen Bäumen die Rede ist: Waldbäume, Obstbäume, Straßenbäume, Parkbäume, Bäume in Naturschutzgebieten oder Heckengehölze? Weiterhin muss nach Alter und Standort unterschieden werden: Geht es um Gehölze in der Baumschule, um Jungbäume am endgültigen Standort, voll entwickelte Bäume oder Uraltbäume (Archebäume, Baumveteranen)?

Baum ist also nicht gleich Baum.

Weiterhin ist zu klären, welches Ziel mit dem Schnitt erreicht werden soll. Soll eine neue bzw. größere Krone gefördert werden, soll die Verkehrssicherheit eines ausgewachsenen Baumes wiederhergestellt werden oder begleitet man nach einer Schädigung oder Vergreisung den Kronenumbau bzw. den Rückzug der Krone? Anders gesagt: Geht es um Erziehung und Entwicklung von Bäumen, die Reaktion auf unerwünschte Veränderungen oder den zeitlich befristeten Erhalt bereits umfangreich geschädigter Bäume?

Hinsichtlich der verschiedenen Schnittmaßnahmen unterscheidet die ZTV-Baumpflege (2017) zwischen:

- Jungbaumpflege,
- Kronenpflege,
- Lichtraumprofilschnitt,
- Totholzentfernung,
- Entfernung von Stamm- und Stockaustrieben,
- Formschnitt,
- Kopfbaumschnitt,
- Einkürzung der Krone,
- Sofortmaßnahmen an geschädigten Baumkronen nach unvorhersehbaren Ereignissen und
- Nachbehandlung geschädigter Bäume mit Ständerbildung.

Jede Maßnahme dient einem anderen Ziel.

Außer diesen Begriffen kursieren noch weitere in der Fachpraxis: Da wird vom Erziehungs-, Erhaltungs- oder Verjüngungsschnitt gesprochen, vom Ausbremsen oder der Förderung der Verzweigung oder der Förderung des Blühansatzes. Einige dieser Begriffe stammen aus dem Obstbau. Anders als bei Straßenbäumen ist

Abb. 8: Um welche Bäume geht es? Geht es um Alleebäume, Waldbäume, Solitäre im Park, Kopfbäume auf einem Marktplatz, Obstbäume in einer Plantage oder um Großbäume aus der Baumschule?

Abb. 9: Um welchen Schnitt geht es? Geht es um einen Erziehungsschnitt in der Baumschule, den Schnitt aus Gründen der Verkehrssicherheit an Alleebäumen, um einen Pflanzschnitt, einen Formschnitt mit einer Schere, um starke Einkürzungen oder eine Astentfernung nach einem Sturm?

das Ziel der Schnittmaßnahmen hier z. B. die Herstellung einer Hohlkrone, einer pyramidalen Krone oder eines Spaliers. Man unterscheidet beispielsweise beim Schnitt zwischen Kern- und Steinobst, teilweise wird auch gattungs-, art- sowie sortenspezifisch geschnitten. Meist werden dabei niedrig ansetzende, lichtoffene Kronen erzeugt. Der Ertrag der Gehölze (Menge und Fruchtqualität) bei gleichzeitiger Berücksichtigung der Baumstatik ist ein wesentliches Ziel der Schnittmaßnahmen.

Auch im Forst ist der Ertrag das entscheidende Kriterium beim Schnitt. Mit der Wertästung sollen möglichst lange, astfreie Stammlängen (Schäfte) erzeugt werden. Der spätere Verkauf ist auch in der Baumschule sowie bei der Erziehung von Bonsai-Gehölzen Hauptaugenmerk. Bei der Pflege und Unterhaltung von Windschutzpflanzungen in der Landwirtschaft (Stichwort: Knickpflege) geht es dagegen weniger um die Gehölze selbst, sondern um deren Nutzen für das Umfeld, beispielsweise weniger Erosion.

Schnitt ist also nicht gleich Schnitt.

Gegenstand der folgenden Betrachtungen sind nur die Schnittmaßnahmen in der Baumpflege.

3.3 Einfluss von Baumart, Schnittführung, Wundgröße und Reiteration

Unabhängig von dem zu schneidenden Baum und dem Ziel der Schnittmaßnahme spielt auch die Baumbiologie, und zwar die Effektivität der Wundreaktionen der Bäume, für die Beurteilung der Schnittzeit eine wesentliche Rolle. Diese Reaktionen sind jedoch keine konstante Größe. Die Überwallung und die Abschottung im Holz werden stark beeinflusst von der Baumart, der Wundgröße sowie der Art der Schnittführung bzw. Wunde (NEELY 1979, 1988; SHIGO 1984a; DUJESIEFKEN & LIESE 2008).

Aus Praxiserfahrungen ist seit langem bekannt, dass sich nach Verletzungen z. B. an Pappel und Weide häufig umfangreiche Fäulen bilden, an Buche und Eiche dagegen weniger. Untersuchungen verschiedener Institutionen ergaben, dass es hinsichtlich der Abschottung zwischen verschiedenen Gattungen und teilweise auch Arten deutliche Unterschiede gibt (ZUMER 1966; LENZ & OSWALD 1971; SHORTLE 1979; ARMSTRONG et al. 1981; RADEMACHER et al. 1984; MIREKU & WILKES 1989; DUJESIEFKEN et al. 1989, 1991, 1996, 2005; DUJESIEFKEN & LIESE 1990, 1991; DANASCU et al. 2015). Zu den schwach abschottenden Bäumen gehören u. a. Birke, Esche, Pappel, Weide sowie Obstgehölze und Fichte. Effektiv abschottend sind beispielsweise Buche, Eiche, Hainbuche, Linde, Platane und Kiefer. Ein wesentlicher Einflussfaktor für diese Unterschiede zwischen Gattungen bzw. Arten ist offenbar die Menge und Anordnung der Parenchymzellen (Holzstrahlen, axiales Parenchym) im Holz (Morris et al. 2016). Zusammenfassend kann festgestellt werden, dass aufgrund der wiederholt festgestellten, unterschiedlich effektiven Wundreaktionen zwischen effektiv und schwach abschottenden Gattungen bzw. Baumarten unterschieden werden kann (Lonsdale 1999; Dujesiefken & Liese 2008; Gilman 2012).

Weiterhin ist die Schnittführung (z. B. Schnitt auf Astring) ein wesentlicher Teil der fachgerechten Baumpflege (Shigo 1984b; Dujesiefken et al. 1988; Shigo 1991; Dujesiefken & Stobbe 2002). Entscheidend ist hierbei, dass ohne Verletzung des Stammgewebes nur der zu entfernende Ast abgetrennt wird. Auch bei korrekter Schnittführung kann es jedoch zu weitreichenden Verfärbungen und nach wenigen Jahren zu umfangreichen Fäulen in den verbleibenden Starkästen und Stämmlingen kommen. Diese Schädigung passiert, wenn der Durchmesser des abgetrennten Astes und damit die Wundgröße ein so großes Maß erreicht hat, dass der Baum die Wunde nicht mehr engräumig abschotten und vollständig überwallen kann: Die Faulstelle kann dann nicht mehr eingekapselt werden. Langjährige Untersuchungen zeigen, dass selbst bei effektiv abschottenden Bäumen Astungswunden von mehr als 10 cm Durchmesser weit in den Stamm reichende Verfärbungen und Fäulen verursachen können. Bei schwach abschottenden Arten kann dies bereits bei Wunden ab etwa 5 cm Durchmesser erfolgen (z. B. Dujesiefken 1991; Stobbe et al. 1998).

Die unterschiedlich effektiven Reaktionen nach Verletzungen (Schnittmaßnahmen) in Abhängigkeit zur Verletzungszeit sind somit vor allem für größere Wunden von Bedeutung. Erfolgt dagegen eine Jungbaumpflege oder eine Kronenpflege nach der neuen ZTV-Baumpflege (Schnittmaßnahmen bis Schwachaststärke), sind die unterschiedlich starken Reaktionen marginal und somit vernachlässigbar.

Sind jedoch große Wunden schwach abgeschottet oder sind bereits umfangreiche Fäulen im Holz entstanden, kann dies zu einer mangelnden Bruchsicherheit und nachfolgend auch zum Bruch von Ästen oder ganzer Kronenteile führen.

Im Laufe der Evolution haben Bäume gelernt, auch auf solche Ereignisse zu reagieren: Der Verlust von Kronenteilen durch Brüche wird meist durch die Bildung neuer Triebe in den Folgejahren ersetzt. In diesem Zusammenhang spricht man in der Gehölzmorphologie von Reiteration (OLDEMAN 1974, 1978). Reiteration bedeutet „Wiederholung eines Vorgangs", in diesem Fall den Vorgang der Kronenbildung. Lässt man die Reiterate wachsen, entwickeln sie sich mit den Jahren zu selbständigen Teilkronen. Der junge Trieb wiederholt somit den Aufbau einer arttypischen Baumkrone (PFISTERER 1999; ROLOFF 2001, 2018).

Die Bildung von neuen Trieben bis hin zu einer ganzen Ersatzkrone bedeutet für den Baum nach einer Schädigung eine zweite Chance. Die Intensität der Reiteration ist jedoch u. a. vom Alter der Gehölze sowie von der Baumart abhängig (PFISTERER 1999; ROLOFF 2001; WITKOS-GNACH & TYSZKO-CHMIELOWIEC 2016). Einige Baumarten wie Eiche, Linde und Ulme können auch in hohem Alter noch Reiterate bilden, andere dagegen verlieren diese Fähigkeit mit der Zeit weitgehend und sind kaum noch in der Lage, nach Schädigung wieder neu auszutreiben. Hierzu gehören beispielsweise Ahorn und Birke. Auch hier muss somit nach Gattungen und ggf. nach Arten differenziert werden.

3.4 Einfluss der Verletzungszeit auf die Wundreaktionen und den Neuaustrieb

Der jahreszeitliche Einfluss auf die Wundreaktion von Bäumen war lange Zeit kaum Gegenstand der Forschung. Dass die Unterschiede hinsichtlich der Effektivität der Abschottung und der Überwallung von Wunden je nach Jahreszeit erheblich ausfallen können, ergaben Untersuchungen in den 1980er Jahren. In dieser Zeit wurden an dem damaligen Ordinariat für Holzbiologie der Universität Hamburg vergleichende Untersuchungen zu verschiedenen Methoden der Baumpflege durchgeführt (DUJESIEFKEN & LIESE 1988). Die Arbeiten erfolgten praxisnah an städtischen Altbäumen. Es wurden z. B. unterschiedliche Schnittführungen und unterschiedliche Wundbehandlungen getestet. Da sich die Versuchsanlage aufgrund des Geräteeinsatzes und der Menge an Versuchen teilweise über mehrere Wochen oder Monate hinzog, wurden aus Gründen der Qualitätssicherung Tests unternommen, um den möglichen Einfluss unterschiedlicher Schnittzeitpunkte zu überprüfen. Hierbei wurde deutlich, dass zusätzlich zu der Schnittführung und der Wundgröße auch der Zeitpunkt der Verletzungen erheblichen Einfluss auf die Wundreaktionen von Bäumen hat (LIESE & DUJESIEFKEN 1989). Weitere Untersuchungen bezüglich der Wundreaktionen nach Verletzungen, die zu unterschiedlichen Zeiten im Jahr erfolgt sind, ergaben teilweise erhebliche Unterschiede hinsichtlich der Stärke der Überwallung, des Umfangs an Nekrosen am Wundrand und der Effektivität der Abschottung im Holz (SHIGO 1976; ARMSTRONG et al. 1981; RADEMACHER et al. 1984; MIREKU & WILKES 1989; DUJESIEFKEN et al. 1989, 1991, 1996, 2005; DUJESIEFKEN & LIESE 1990, 1991; LONSDALE 1993; LOBIS 2007; CROWDY 2008; LEE & LEE 2010). Nur vereinzelt wurden keine signifikanten Unterschiede beim Vergleich der Reaktionen von Wunden aus verschiedenen Zeiten (März und Juni) festgestellt (DANESCU et al. 2015).

Die Reaktionen der unterschiedlichen Gewebe im Baum sind im Jahresverlauf unterschiedlich stark ausgeprägt: Die stärksten Überwallungen am Wundrand werden zumeist nach Verletzungen im Frühjahr gebildet, und die geringsten Kambialnekrosen und damit die geringste Schädigung für den Baum entstehen ebenfalls nach einer Frühjahrsverletzung. Die engräumigste Abschottung im Holzkörper entwickelt sich dagegen überwiegend nach Verletzungen im Sommer (Juni/Juli, teilweise auch noch im August/September). Eine auffallende Gleichläufigkeit zeigt sich demgegenüber nach Verletzungen in der Vegetationsruhe (in den o. g. Untersuchungen meist im November ausgeführt): Verletzungen in dieser Zeit haben die größten Absterbeerscheinungen am Wundrand (Kambialnekrosen), die schwächsten Überwallungen und die schwächste Abschottung im Holz zur Folge. Auf Verletzungen in der Ruhephase reagiert der Baum somit schwächer als zu anderen Zeiten im Jahr.

Die Abschottung und Überwallung einer Wunde setzt die Aktivität der beteiligten Gewebe sowie die Verfügbarkeit bzw. Mobilisierbarkeit von Reservestoffen voraus. Dies ist im Wesentlichen in der Vegetationsperiode der Fall (KOZLOWSKI et al. 1991; MATYSSEK et al. 2010). Entscheidende Einflussfaktoren sind weiterhin die Temperatur und die Umweltbedingungen (BONSEN 1991; SCHWEINGRUBER 1993; COPINI 2015) sowie das Alter und die Vitalität des Baumes (PETERSEN 1986). Geschwächte Bäume haben beispielsweise eine um ein bis zwei Monate verkürzte Wachstumszeit. Die Wundreaktionen können somit nicht überall gleich sein, sondern hängen vom Standort (der Klimaregion), der Witterung (vor allem der Temperatur) und dem Zustand des Baumes ab. Es gibt also nicht den besten Zeitpunkt hinsichtlich der Wundreaktionen. Und es muss im Einzelfall entschieden werden, ob und ggf. welche Reaktion von besonderer Bedeutung ist.

Es gibt aber eine Phase im Jahresverlauf, in der in unseren Breitengraden die Bäume ganz oder weitgehend inaktiv sind: in der Vegetationsruhe. Aus diesem Grund wird bereits seit den 1980er Jahren aus baumbiologischer Sicht empfohlen, bei größeren bzw. umfangreicheren Schnittmaßnahmen auf die Wintermonate als Ausführungszeit zu verzichten.

Der Schnitt während der Vegetationszeit, speziell im Sommer, kann jedoch ebenfalls nachteilig sein. Erfahrungen aus dem Obstbau haben gezeigt, dass im Sommer geschnittene Obstbäume in den Folgejahren geringere Zuwachsleistungen zeigen als ihre Nachbarn, die im zeitigen Frühjahr oder im Oktober geschnitten wurden (z. B. PFISTERER 1999). Dies kann keine erwünschte Reaktion im Obstbau sein. Im Stadtbaumbereich kann dies jedoch, z. B. bei stark wüchsigen oder reiterationsfreudigen Bäumen, genau das Ziel sein, um einen zu starken Neuaustrieb zu verhindern bzw. zu vermindern. Untersuchungen an verschiedenen Hybrid-Pappeln ergaben, dass Einkürzungen im Sommer (Juni) deutlich weniger Neuaustriebe zur Folge haben als Rückschnitte gleichen Umfangs zu anderen Jahreszeiten (März, Oktober) (DESROCHERS et al. 2015). Soll also ein Baum aufgrund umfangreicher Fäulen im Holz eingekürzt und zugleich ein stärkerer Neuaustrieb verhindert/vermindert werden, bietet sich ein Schnitt im Sommer/Spätsommer an. Andernfalls wäre schon bald nach dem Schnitt ein erneuter Rückschnitt zur Herstellung der Verkehrssicherheit erforderlich.

Die biologischen Aspekte zeigen, dass zur Festlegung der optimalen Schnittzeit zunächst das Ziel der Maßnahme zu klären ist. In diesem Zusammenhang muss auch darauf hingewiesen werden, dass die Frage der Schnittzeit nicht isoliert betrachtet werden darf. Zu starke Schnittarbeiten in der Krone hinsichtlich der Menge der entnommenen Äste bzw. hinsichtlich der Wundgrößen sind negativ für den Baum und können den (ggf. positiven) Effekt der jahreszeitlichen Unterschiede durchaus überlagern bzw. zunichtemachen (MAURIN & DESROCHERS 2013). Die Wahl einer möglichst optimalen Schnittzeit ist eben nur ein Aspekt der fachgerechten Baumpflege.

3.5 Angaben zur Schnittzeit in der neuen ZTV-Baumpflege

Aufgrund der dargestellten Komplexität kann es keine allgemeingültigen Vorgaben hinsichtlich der optimalen Schnittzeit in der Baumpflege geben. Konkrete Vorgaben für die Ausführungszeit finden sich in der ZTV-Baumpflege (2017) deshalb lediglich im Abschnitt 3, beispielsweise für den Kopfbaumschnitt. Diese neu im Regelwerk aufgenommene Leistung ist folgendermaßen definiert: „Der Kopfbaum ist eine Gestaltungs- und/oder Nutzungsform, bei der an den verdickten Astenden (Köpfen) die Neuaustriebe flach abgeschnitten werden. Dies erfolgt an der Triebbasis und nur im Triebdurchmesser ohne Verletzung der Köpfe." Entsprechend den Erfahrungen aus der Praxis ist hierzu Folgendes festgelegt: „Der Schnitt ist in der Vegetationsruhe durchzuführen."

Weitere Hinweise zur Schnittzeit finden sich in der neuen ZTV-Baumpflege im Abschnitt 0, also in dem Abschnitt, in dem der Ausschreibende die Ausführungszeit selbst festlegen muss. Die wesentlichen Hinweise enthält der folgende Unterabschnitt:

0.2.1.14

Art, Umfang und Zeitraum der einzelnen Baumpflegeleistungen unter Angabe von Zeitpunkt und zeitlichem Abstand der Leistungen sowie evtl. Einschränkungen (z. B. aus Gründen des Artenschutzes, Abschottungsvermögen, Überwallungsvermögen, Austriebvermögen, stark „saftende" Baumarten, Nutzungssituation und Baumumfeld).

Diese Hinweise enthalten alle Aspekte zur Ausführungszeit. Somit muss der Ausschreibende den Zeitraum bzw. die Einschränkungen zu den geplanten Maßnahmen selbst festgelegen.

ARMSTRONG, J. E.; SHIGO, A. L.; FUNK, D. T.; MCGINNES, E. A. Jr.; SMITH, D. E., 1981: A macroscopic and microscopic study of compartmentalization and wood closure after mechanical wounding of Black Walnut trees. Wood Fiber 13, 275–291.

BILHARZ, J., 2012: Schnittzeitpunkt – Fatale Irrtümer der Baumexperten (Teil 1), Kletterblatt, Kurszeitschrift der Münchner BaumKletterschule, Ausgabe 11.

BILHARZ, J., 2013: Schnittzeitpunkt – Fatale Irrtümer der Baumexperten (Teil 2), Kletterblatt, Kurszeitschrift der Münchner BaumKletterschule, Ausgabe 12.

BNatSchG, 2010: Bundesnaturschutzgesetz. Gesetz über Naturschutz und Landschaftspflege.

BONSEN, K., 1991: Gefäßverschluss-Mechanismen in Laubbäumen. Vierteljahresschr. Naturforsch. Ges. Zürich 136, 13–50.

CLARK, R. J.; MATHENY, N., 2010: The research foundation to tree pruning: a review of the literature. Arboriculture & Urban Forestry 36 (3), 110–120.

COPINI, P., 2015: Markers inside wood. Tree rings as archives of insect outbreaks, drift-sand dynamics, and spring flooding. PhD. Thesis, Wageningen University, 192 S.

CROWDY, S. H., 2008: Observations on the effect of growth-stimulating compounds on the healing of wounds of apple trees. Ann. Appl. Biol., 197–207.

DESROCHERS, A.; MAURIN, V.; TARROUX, E., 2015: Production and role of epicormic shoots in pruned hybrid poplar: effects of clone, pruning season and intensity. Ann. Forest Science 72, 425–434.

DUJESIEFKEN, D., 1991: Der Kronenschnitt in der Baumpflege. Ein Leitfaden für die Praxis. Neue Landschaft 36 (1), 27–31.

DUJESIEFKEN, D.; KOWOL, T.; LIESE, W., 1988: Vergleich verschiedener Schnittführungen bei der Astung von Linde und Rosskastanie. Allg. Forstz. 43, 331–332, 336.

DUJESIEFKEN, D.; LIESE, W., 1988: Holzbiologisches Untersuchungsprogramm zu Methoden der Baumpflege. Gartenamt 37 (10), 618–622.

DUJESIEFKEN, D.; LIESE, W., 1990: Einfluss der Verletzungszeit auf die Wundheilung bei Buche (*Fagus sylvatica* L.). Holz Roh-Werkst. 48 (3), 95–99.

DUJESIEFKEN, D.; LIESE, W., 1991: Baumpflege – Stand der Kenntnis zu Sanierungszeit, Kronenschnitt und Wundbehandlung. Naturschutz und Landschaftspflege in Hamburg Nr. 39, 198–242.

DUJESIEFKEN, D.; LIESE, W., 2008: Das CODIT Prinzip – Von den Bäumen lernen für eine fachgerechte Baumpflege. Haymarket Media, Braunschweig, 159 S.

DUJESIEFKEN, D.; STOBBE, H., 2002: The Hamburg Tree Pruning System – a framework for pruning of individual trees. Urban Forestry & Urban Greening 1 (2), 75–82.

DUJESIEFKEN, D.; EBENRITTER, S.; LIESE, W., 1989: Wundreaktionen im Holzgewebe bei Birke, Buche und Linde. Holz Roh-Werkst. 47, 495–500.

DUJESIEFKEN, D.; PEYLO, A.; LIESE, W., 1991: Einfluss der Verletzungszeit auf die Wundreaktionen verschiedener Laubbäume und der Fichte. Forstwiss. Centralblatt 110 (6), 371–380.

DUJESIEFKEN, D.; KOWOL, T.; SCHMITZ-FELTEN, E., 1996: Zum Einfluss der Behandlungszeit auf die Wirksamkeit von Wundverschlussmitteln bei Laubbäumen. Gesunde Pflanzen 4 (3), 89–94.

DUJESIEFKEN, D.; LIESE, W.; SHORTLE, W. C.; MINOCHA, R., 2005: Response of beech and oaks to wounds made at different times of the year. Eur. J. Forest Res. 124, 113–117.

GILMAN, E. F., 2012: Pruning. Third Ed., Delmar, Cengage Learning, 476 S.

HARRIS, R. W., CLARK, J. R., MATHENY, N. P., 1999: Arboriculture. Integrated Management of Landscape Trees, Shrubs, and Vines. Prentice Hall, New Jersey, 3rd Ed., 687 S.

KOZLOWSKI, T. T.; KRAMER, P. J.; PALLARDY, S. G., 1991: The Physiological Ecology of Woody Plants. 657 S.

LENZ, O.; OSWALD, K., 1971: Über Schäden durch Bohrspanentnahme an Fichte, Tannen und Buche. Mitt. Schweiz. Anst. Forstl. Versuchsw. 47 (1), 29 S. und Anhang.

LIESE, W.; DUJESIEFKEN, D., 1989: Aspekte und Befunde zur Sanierungszeit in der Baumpflege. Gartenamt 38 (6), 356–360.

LOBIS, V., 2007: Holzbiologische Untersuchungen zur Optimierung des Sanierungszeitpunktes bei der Edelkastanie. In: DUJESIEFKEN, D.; KOCKERBECK, P. (Hrsg.): Jahrbuch der Baumpflege 2007. Haymarket Media, Braunschweig, 300–306.

LONSDALE, D., 1993: Choosing the time of year to prune trees. Arboriculture Research Note 117/9/PATH, 6 S.

LONSDALE, D., 1999: Principles of tree hazard assessment and management. Dept. Environment, Transport and the region, London, 388 S.

MALEK, J. von, WAWRIK, H, 1985: Baumpflege. Ulmer Verlag, Stuttgart, 382 S.

MAURIN, V. & DESROCHERS, A., 2013: Physiological and growth responses to pruning season and intensity of hybrid poplar. Forest Ecology and Management 304, 399–406.

MATYSSEK, R.; FROMM, J.; RENNENBERG, H.; ROLOFF, A., 2010: Biologie der Bäume von der Zelle zur globalen Ebene. Ulmer Verlag, Stuttgart, 349 S.

MAYER-WEGELIN, H., 1936: Ästung. Verlag M. & H. Schaper, Hannover, 178 S.

MIREKU, E.; WILKES, J., 1989: Seasonal variation in the ability of the sapwood of Eucalyptus maculate to compartmentalize discoloration and decay. Forest Ecology and Management 28, 131–140.

MORRIS, H.; BRODERSEN, C.; SCHWARZE, F. W. M. R.; JANSEN, S., 2016: The Parenchyma of Secondary Xylem and Its Critical Role in Tree Defense against Fungal Decay in Relation to CODIT Model. Frontiers in Plant Science. Nov. 2016, Vol. 7, Article 1665. Doi: 10.3389/fpls.2016.01665

NEELY, D., 1979: Tree wounds and wound closure. J. Arboriculture 5 (6), 135–140.

NEELY, D., 1988: Tree wound closure. J. Arboriculture 14 (6), 148–152.

OLDEMAN, R. A. A., 1974: L'architecture de la forêt guyanaise. Mém. ORSTOM, 73.

OLDEMAN, R. A. A., 1978: Architecture and energy exchange of dicotyledonous trees in the forest. In: Tomlinson, P. B.; ZIMMERMANN, M. H. (Hrsg.): Tropical trees as living systems. Cambridge, London, New York, Melbourne, 535–560.

PETERSEN, A., 1986: Anatomische und physiologische Untersuchungen an Stadtbäumen in Hamburg. Holzbildung – Wasserhaushalt – Biomasse. Diss. Univ. Hamburg, 229 S.

PFISTERER, J. A., 1999: Gehölzschnitt nach den Gesetzen der Natur. Eugen Ulmer, Stuttgart, 300 S.

RADEMACHER, P.; BAUCH, J.; SHIGO, A. L., 1984: Characteristics of xylem formed after wounding in ***Acer***, ***Betula*** and ***Fagus***. IAWA Bull n. s. 5, 141–151.

ROLOFF, A., 2001: Baumkronen. Verständnis und praktische Bedeutung eines komplexen Naturphänomens. Eugen Ulmer, Stuttgart, 165 S.

ROLOFF, A., 2018: Vitalitätsbeurteilung von Bäumen. Aktueller Stand und Weiterentwicklung. Haymarket Media, Braunschweig, 208 S.

SCHWEINGRUBER, F. H., 1993: Jahrringe und Umwelt – Dendroökologie. Eidgen. Forschungsanstalt für Wald, Schnee und Landschaft, Birmensdorf, 474 S.

SHIGO, A. L., 1976: Microorganisms isolated from wounds inflicted on Red Maple, Paper Birch, American Beech and Red Oak in winter, summer and autumn. Phytopath. 66, 559–563.

SHIGO, A. L., 1984a: Compartmentalization: A conceptual framework for understanding how trees grow and defend themselves. Ann. Rev. Phytopathol. 22, 189–214.

SHIGO, A. L., 1984b: Tree decay and pruning. Arboric. J. 8, 1–12.

SHIGO, A. L., 1991: Baum Schnitt. Leitfaden für richtige Baumpflege. Thalacker Medien, Braunschweig, 192 S.

SHORTLE, W. C., 1979: Compartmentalization of decay in red maple and hybrid poplar trees. Phytopathol. 69, 410–413.

STOBBE, H.; DUJESIEFKEN, D.; KLEIST, G., 1998: Die Hamburger Schnittmethode – Grundlagen und Erkenntnisse. In: DUJESIEFKEN, D.; KOCKERBECK, P. (Hrsg.): Jahrbuch der Baumpflege 1998. Thalacker Medien, Braunschweig, 184–193.

WITKOS-GNACH, K.; TYSZKO-CHMIELOWIEC, P. (Hrsg.), 2016: Trees – a lifespan approach. Contributions to arboriculture from European practitioners. Authors: DUJESIEFKEN, D.; FAY, N.; DE GROOT, J.-W.; DE BERKER, N., Fundacjia Eko Rozwoju, Wroclaw, 136 S.

ZTV-Baumpflege (2017): Zusätzliche Technische Vertragsbedingungen und Richtlinien für Baumpflege. 6. Auflage, Forschungsgesellschaft Landschaftsentwicklung, Landschaftsbau, Bonn, 82 S.

ZUMER, M., 1966: Astungsversuche an Föhre, Fichte, Birke, Aspe, Esche und Eiche. Medd. Norsk Tretek. Inst. 20, 399–581.

4. Rechtliche Rahmenbedingungen

Thomas Rieche
und Janina Reuther

Die Regelungsbereiche des Naturschutzes und der Landschaftspflege wurden mit der Föderalismusreform im Jahr 2006 in die konkurrierende Gesetzgebung überführt (Art. 74 Abs. 1 Nr. 29 GG). Somit erhielt der Bund die Kompetenz für Vollregelungen. Seit dem 1. März 2010 ist das neue und nunmehr bundeseinheitliche Naturschutzgesetz in Kraft, das BnatSchG.[1] Dieses Gesetz hat damit auch neue Regelungen für die Baumpflege mit sich gebracht, die nunmehr für alle Bundesländer einen verbindlichen Mindeststandard für den Habitatschutz festlegen. Mit der maßgeblichen Regelung für die Baumpflege im Jahresverlauf des § 39 BNatSchG hat der Bundesgesetzgeber von dieser Kompetenz Gebrauch gemacht und Mindestschutzregelungen erlassen.

4.1 Abweichungskompetenz der Länder

Als ein Novum wurden allerdings die Bundesländer grundgesetzlich ermächtigt, spätere abweichende Regelungen zu treffen (Art. 72 Abs. 3 S. 3 GG).[2] Die Abweichungskompetenz gilt jedoch nicht für die allgemeinen Grundsätze des Naturschutzes, des Artenschutzes und des Meeresnaturschutzes (Art. 72 Abs. 3 S. 1 Nr. 2 GG). Die „abweichungsfesten allgemeinen Grundsätze" hat der Bundesgesetzgeber im Einzelnen in Vorschriften aufgeführt. Die Vorschriften des Artenschutzes und des Meeresnaturschutzes sind in den Kapiteln 5 und 6 des Bundesnaturschutzgesetzes geregelt, die auch den § 39 BNatSchG umfassen. Andererseits sehen sowohl § 39 Abs. 5 als auch Abs. 7 BNatSchG die Ermächtigung an die Landesregierungen vor, durch Rechtsverordnung für den Bereich eines Landes oder für Teile eines Landes erweiterte Verbotszeiträume vorzusehen bzw. weitergehende Schutzvorschriften einschließlich der Bestimmungen über Ausnahmen und Befreiungen zu erlassen, um den unterschiedlichen klimatischen Bedingungen und den sich daraus ergebenden abweichenden Brut- und Blühzeiten Rechnung zu tragen.[3] Mittlerweile hat der Bundesgesetzgeber durch die Ergänzung des Satzes 3 in § 39 Abs. 5 BNatSchG, wonach erlaubt wird „den Verbotszeitraum aus klimatischen Gründen um bis zu zwei Wochen zu verschieben", konkretisiert.[4] Eine Einschränkung der Verbotszeiträume ist nicht zulässig.

Nach § 39 Abs. 7 BNatSchG bleiben demgemäß weitergehende Schutzvorschriften einschließlich der Bestimmungen über Ausnahmen und Befreiungen unberührt. Die strengeren Schutzvorschriften sind also zusätzlich zu den Regelungen des allgemeinen Artenschutzes zu beachten, wobei auch die hierfür anwendbaren Ausnahme- und Befreiungsvorschriften gelten.[5] Erfasst werden auch landesrechtliche Regelungen, die über das Schutzregime des § 39 BNatSchG hinausgehen.[6] Die Bundesregelungen stellen daher Mindeststandards dar.[7]

Inzwischen haben die meisten Bundesländer nach Inkrafttreten des Bundesnaturschutzgesetzes neue Landesnaturschutzgesetze erlassen oder ihre alten Landesgesetze geändert. Bezüglich zeitlicher Begrenzungen für Schnittverbote hatte zunächst lediglich Schleswig-Holstein eine spezielle Regelung zur Gehölzpflege in § 27a LNatSchG erlassen, die mit dem § 39 Abs. 5 S. 1 Nr. 2 BNatSchG wortgleich war, mit der Ausnahme, dass der Schutzzeitraum beginnend mit dem 15. März verkürzt wurde. Diese Regelung des § 27a LNatSchG Schleswig-Holstein war jedoch unzulässig, weil sie den bundesgesetzlichen Mindeststandard unterschreitet.[8] Eine zulässige Abweichung wäre die Verschiebung des Schutzzeitraumes um 2 Wochen nach hinten gewesen, weil dadurch der Schutzzeitraum insgesamt nicht verkürzt worden wäre. Mittlerweile ist diese Regelung ersatzlos weggefallen, wodurch wieder die Bundesregelung gilt.

4.2 Vorranggesetzgebung

Im Verhältnis von Bundes- zu Landesrecht gilt zudem die sog. Lex-posterior-Regelung, d. h. das jeweils spätere Gesetz geht dem früheren vor (Art. 72 Abs. 3 S. 3 GG). Der Grundsatz des Art. 31 GG, wonach Bundesrecht Landesrecht bricht, gilt hier also nicht. Dabei ist das frühere Gesetz nicht nichtig. Es wird nur durch den Anwendungsvorrang des anderen Gesetzes überlagert, lebt aber wieder auf, wenn das spätere Gesetz wegfällt.[9]

Das neue BNatSchG ist am 1. März 2010 in Kraft getreten. Somit sind Landesgesetze, die zu einem früheren Zeitpunkt erlassen wurden, in weiten Teilen nicht mehr anwendbar. Älteres Landesrecht gilt allerdings dort fort, wo das BNatSchG Unberührbarkeitsklauseln wie in § 39 Abs. 7 BNatSchG enthält.[10] Das hat zur Folge, dass die unterschiedlichen landesrechtlichen Regelungen zur Baum- und Gehölzpflege insoweit anwendbar bleiben, als sie weitergehende Schutzvorschriften als das BNatSchG beinhalten. So blieb zunächst beispielsweise § 43 Abs. 2 Nr. 1 NatSchG Baden-Württemberg teilweise anwendbar. Nach dieser Vorschrift unterfielen sämtliche „Bäume" dem Schnittverbot in der Zeit vom 1. März bis zum 30. September. Das BNatSchG erfasst nur Bäume, die außerhalb des Waldes, von Kurzumtriebsplantagen oder gärtnerisch genutzten Grundflächen stehen. Somit war diese Landesvorschrift weitergehender als die Bundesregelung und insoweit auch anwendbar. Allerdings hat dann für die Bäume innerhalb des Waldes, der Kurzumtriebsplantagen und der gärtnerisch genutzten Grundflächen auch das spezielle Ausnahmeregime des § 43 Abs. 3 NatSchG Baden-Württemberg gegolten. Mittlerweile ist diese Vorschrift entfallen. Dafür sieht aber § 33 Abs. 3 NatSchG Baden-Württemberg einen speziellen gesetzlichen Alleenschutz an privaten und öffentlichen Verkehrsflächen und Wirtschaftswegen im Außenbereich vor.

Ebenso gelten bestehende Baumschutzsatzungen in den Ländern weiter.[11] In der Praxis sind daher zur Klärung der Rechtslage zunächst die Vorschriften des BNatSchG heranzuziehen und in einem zweiten Schritt anhand der jeweiligen landesrechtlichen Regelungen zu prüfen, ob hiervon spätere abweichende oder ergänzende Regelungen erlassen worden sind. Innerhalb der Öffnungs- und Unberührtheitsklauseln ist darüber hinaus auch zu prüfen, ob alte landesrechtliche Regelungen weiter gelten. In einem letzten Schritt sind dann auch noch abweichende kommunale Satzungen, wie etwa Baumschutzsatzungen und Bebauungspläne zu berücksichtigen. Auch Bebauungspläne können verzeichnete Bäume unter Schutz stellen. Ebenso können einzelne Bäume, Baumgruppen oder Alleen als Naturdenkmal (§ 28 BNatSchG)[12] oder als geschützter Landschaftsbestandteil (§ 29 BNatSchG)[13] einem besonderen Schutzregime unterliegen. Kommt es zu Novellierungen innerhalb des Bundes- oder des Landesrechts, lässt sich die Rechtslage nur aus einem komplizierten Zusammenspiel („Patchwork") der Gesetze erschließen.[14] Etwaige Unsicherheiten bei der Auslegung der gesetzlichen Regelungen sowie Umfang und Reichweite der Abweichungskompetenz[15] müssen durch die Rechtsprechung geklärt werden. Eine Übersicht der Landesregelungen nach derzeitigem Stand findet sich im Anhang.

4.3 Schnittzeitenregelung

Die maßgebliche Regelung für die Baumpflege im Jahresverlauf findet sich in der neugeschaffenen Vorschrift des § 39 Abs. 5 BNatSchG, die einen allgemeinen Habitatschutz begründet. Dabei war sich der Bundesgesetzgeber bewusst, sich im Spannungsfeld zwischen dem allgemeinen Schutz aller Arten, d. h. sowohl Tier- als auch Pflanzenarten, zu bewegen.[16] Konkret regelt die Vorschrift:

„(5) Es ist verboten,

1. (…)

2. Bäume, die außerhalb des Waldes, von Kurzumtriebsplantagen oder gärtnerisch genutzten Grundflächen stehen, Hecken, lebende Zäune, Gebüsche und andere Gehölze in der Zeit vom 01. März bis 30. September abzuschneiden oder auf den Stock zu setzen oder zu beseitigen; zulässig sind schonende Form- und Pflegeschnitte zur Beseitigung des Zuwachses der Pflanzen oder zur Gesunderhaltung von Bäumen, …"

Die Regelung stimmt weitestgehend mit den früheren landesrechtlichen Regelungen überein. Teilweise erweitert sie den Schutzzeitraum, der den 1. März bis zum 30. September umfasst.[17]

4.3.1 Schnittverbote für „gärtnerisch genutzte Grundflächen"

Die Schnittverbote des § 39 Abs. 5 S. 1 Nr. 2 BNatSchG gelten also ausdrücklich für Bäume, die außerhalb des Waldes, von Kurzumtriebsplantagen oder gärtnerisch genutzten Grundflächen stehen. Hinsichtlich des Merkmals Wald ist auf die Definitionen im Bundeswaldgesetz und den Gesetzen der Länder abzustellen, also mit Forstpflanzen bestockte Grundflächen, die nicht gleichzeitig dem Anbau landwirtschaftlicher Produkte dienen.[18] Unter Kurzumtriebsplantagen sollen nach der Gesetzesbegründung Flächen verstanden werden, die bei einer Umtriebszeit von bis zu 20 Jahren ausschließlich mit schnell wachsenden Baumarten bestockt sind.[19]

4.3.1.1 Abschneiden/Beseitigen

Das Abschneiden ist eigentlich ein Terminus, der auf Gebüsche und Hecken bezogen ist und weniger auf Bäume, die gefällt werden. Deswegen wurde später auch der Begriff des „Beseitigen" in der Novelle vom 15.09.2017[20] ergänzt. Abschneiden bedeutet, dass die Pflanze bis zum Ansatzpunkt entfernt wird.[21] „Auf den Stock setzen“ bedeutet das Abschneiden in einer Weise, die dazu bestimmt und geeignet ist, einen verstärkten Neuaustrieb der Pflanze anzuregen (Verjüngung).[22] Dieser Neuaustrieb ist in der Folgezeit zu schonen.[23]

Die Frage, ob unter Abschneiden auch das Fällen von Bäumen[24] sowie all diejenigen Eingriffe, die nach Art und Ausmaß einem Fällen gleichkommen und nicht unter die schonenden Form- und Pflegeschnitte fallen[25], subsumiert werden müsse, ist nach Ergänzung des Begriffes „Beseitigen“ obsolet geworden.

4.3.1.2 Schonende Form- und Pflegeschnitte

Der Begriff der schonenden Form- und Pflegeschnitte ist im Gesetz nicht näher definiert. Nach allgemeiner Ansicht in der Praxis ergeben sich für Bäume fachliche Definitionen aus der ZTV-Baumpflege.[26] Dieses Regelwerk dient der Festlegung der anerkannten Baumpflegepraxis und ist daher für die Auslegung des Begriffes maßgeblich.[27] Auch nach dem Selbstverständnis solcher Regelwerke enthalten sie Anerkannte Regeln der Technik.[28]

Abb. 10: Jungbäume benötigen eine regelmäßige Jungbaumpflege, Hamburg-Wilhelmsburg.

Für die o.g. Pflegemaßnahmen enthielt dieses Regelwerk in der Fassung 2006 Beschreibungen und Definitionen, beispielsweise zum Kronenschnitt, sowie Abgrenzungen zu sogenannten Sondermaßnahmen, die über Form- und Pflegemaßnahmen hinausgehen. Nach Ziff. 3.1.9 der ZTV-Baumpflege (2006) wurden als Sondermaßnahmen z.B. der Kronenregenerationsschnitt angeführt, die Einkürzung von Kronenteilen, die Kroneneinkürzung und der Kronensicherungsschnitt, wenn durch die Maßnahmen das Erscheinungsbild des Baumes erheblich verändert wird. Dies kann durch Verlust eines großen Teiles des Kronenvolumens, durch das Abschneiden von Grob- und Starkästen, z.B. aufgrund von Maßnahmen aus dem Gesichtspunkt der Verkehrssicherungspflicht erfolgen. Auch die einseitige Beseitigung eines Überwuchses auf das Nachbargrundstück wird man hierzu zählen müssen, da der Habitus des Baumes zerstört und u.U. seine Statik beeinträchtigt wird.[29]

Im Zuge der Aktualisierung wurden in der ZTV-Baumpflege 2017 auch die neuen Begriffe des Bundesnaturschutzgesetzes, insbesondere der der „schonenden Form- und Pflegeschnitte“ übernommen und fachlich definiert. Nach Ziff. 3.2, die auch die Überschrift Schonende Form- und Pflegeschnitte erhalten hat, werden diese als Maßnahmen im Fein- und Schwachastbereich definiert. Hierunter führt die ZTV unter den Ziffern 3.2.1–7 die Jungbaumpflege, die Kronenpflege bei Astdurchmessern von 3–10 cm, den Lichtraumprofilschnitt, die Totholzentfernung, den Formschnitt und den Kopfbaumschnitt auf. Die früheren „Sondermaßnahmen“ unterfallen nunmehr den „Stark eingreifenden Schnittmaßnahmen“ nach Ziff. 3.3, nämlich die Einkürzung, witterungsbedingte Sofortmaßnahmen (z.B. Tornado, Eisbruch) und die Nachbehandlung geschädigter Bäume mit Ständerbildung, jeweils im Grobastbereich nach den Ziffern 3.3.1–3. Nur hinsichtlich des Kopfbaumschnitts, der aus fachlicher Sicht in der Vegetationsruhe erfolgen soll, macht die ZTV zeitliche Vorgaben. Aber hinsichtlich der zu verwendenden Technik werden artenschutzrechtliche Einschränkungen vorgenommen. Nach Ziff. 3.1.2 dürfen Motorsägen erst für die Grobäste eingesetzt werden und demnach nicht für schonende Form- und Pflegeschnitte.

Als Definition der „schonenden Form- und Pflegeschnitte“ für Bäume können daher nach den als Anerkannte Regeln der Technik geltenden ZTV-Baumpflege negativ abgegrenzt

Abb. 11: Negativbeispiel: Kronenkappung auf Privatgrundstück.

alle die Maßnahmen angesehen werden, die nicht als den Habitus des Baumes erheblich verändernde stark eingreifenden Maßnahmen definiert sind. Alle anderen Maßnahmen sind folglich als schonende Form- und Pflegeschnitte i. S. des § 39 Abs. 5 S. 1 Nr. 2 BNatSchG anzusehen; hierzu zählen also die Jungbaumpflege, die Kronenpflege, die Totholzbeseitigung, der Lichtraumprofilschnitt sowie der Formschnitt und der Kronenkopfschnitt, jeweils im Fein- und Schwachastbereich und unter Einsatz schonender Technik.

4.3.2 „Gärtnerisch genutzte Grundflächen"

Unklar blieb zunächst, wie der Begriff der „gärtnerisch genutzten Grundflächen" zu interpretieren ist, da die Gesetzesbegründung keine nähere Erläuterung enthält (siehe auch Kapitel 2).

4.3.2.1 Erwerbsgartenbau

Das Bundesumweltministerium (BMU) teilte hierzu im Januar 2010 mit, dass unter dem Begriff nur gartenbauwirtschaftlich genutzte Flächen gemeint seien, also solche Flächen, die in Erwerbsabsicht bewirtschaftet würden. Diese Ansicht korrigierte das BMU im März 2010 dahingehend, dass die Definition des Pflanzenschutzgesetzes (§ 6 Abs. 2 alte Fassung) zu berücksichtigen sei, wonach auf die gärtnerische Nutzung abgestellt werden müsse, insbesondere auf die Gewinnung von Pflanzen oder Pflanzenerzeugnissen, aber auch auf vergleichbar intensive gärtnerische Gestaltung zu ästhetischen Zwecken (Ziergärten).[30] Damit wurde der Anwendungsbereich auch auf nicht erwerbsgartenbaulich genutzte Flächen, also auch auf Hausgärten und Kleingartenanlagen sowie Streuobstwiesen erweitert. Insoweit besteht weitestgehend Einigkeit.

Stellt man dementsprechend auf den Zweck der „gärtnerischen Nutzung und vergleichbar intensiver Pflege“ ab, wie er nach dem Pflanzenschutzgesetz beispielsweise auch für den Pflanzenschutzmitteleinsatz galt, müssen auch Rasensportanlagen, Friedhöfe, sogar Wohn- und Straßenbegleitgrün und natürlich öffentliche und private Grünanlagen, soweit diese nicht vornehmlich als Spiel- und Liegewiesen oder Kinderspielplätze genutzt werden, räumlich von den Schnittverboten unberührt bleiben.

Für dieses weite Verständnis des Begriffs „gärtnerisch genutzte Grundflächen“ sprechen die Verwendung und das Verständnis desselben Begriffs im vormaligen Kreislaufwirtschafts-

Abb. 12: Gärtnerische Nutzung: Privater Ziergarten.

und Abfallgesetz sowie im Pflanzenschutzgesetz.[31] § 8 Abs. 2 KrW-/AbfG alte Fassung sprach von „gärtnerisch genutzten Böden“, wobei hiervon auch Haus- und Kleingärten erfasst waren.[32] Die Verwendung des Begriffs der „gärtnerisch genutzten Freilandflächen“ im früheren § 6 Abs. 2 S. 1 PflSchG umfasste neben Klein-, Haus- und Ziergärten auch Grün-, Sport- und andere Außenanlagen sowie Friedhöfe. Nach der Gesetzesbegründung zum Pflanzenschutzgesetz ergab sich dieses Verständnis aus dem Begriff „gärtnerisch“.[33] Gleiches gilt auch für die Verwendung des Begriffs im BNatSchG.

Wären in § 39 Abs. 5 S. 1 Nr. 2 BNatSchG nur gartenbauwirtschaftliche oder erwerbsgärtnerisch genutzte Flächen gemeint gewesen, hätte der Gesetzgeber von „gartenbaulich genutzten Flächen“ gesprochen, wie er es in § 1 Abs. 6 BNatSchG getan hat. Der Gesetzgeber hat hier bewusst den weiteren Begriff „gärtnerisch“ gewählt. Dadurch lässt er erkennen, dass der Begriff auch weiter zu verstehen ist und eben nicht nur vom Erwerbsgartenbau genutzte Flächen gemeint sind.[34] Die Auslegung beispielsweise des Landes Sachsen, nur erwerbswirtschaftlich genutzte Flächen hierunter zu zählen, widersprach daher dem Bundesgesetz.

4.3.2.2 „Gärtnerische Nutzung und vergleichbar intensive gärtnerische Pflege“

Das Abgrenzungskriterium der „gärtnerischen Nutzung und vergleichbar intensiven gärtnerischen Pflege“ führt daher in der Praxisbetrachtung zu einer Einbeziehung von privaten und öffentlichen Grünanlagen, Sportanlagen und sonstigen Außenanlagen sowie Friedhöfen unter den Begriff der „gärtnerisch genutzten Grundflächen“, für die die zeitlichen Schnittverbote nicht gelten.

Dem gegenüber soll „gärtnerisch genutzte Grundflächen“ beispielsweise nach schleswig-holsteinischer Auffassung nicht für Grünflächen, Parkanlagen und sonstige Außenanlagen, wie Sportplätze, Böschungen und Straßengräben, gelten. Nach bayerischer Auffassung soll das nur für die Sportplätze, Böschungen und Straßengräben gelten.[35] Diese Flächen seien nicht oder nicht vorwiegend gärtnerisch genutzt, sondern lediglich gärtnerisch gepflegt. Das Bayerische Staatsministerium versteht gärtnerische Nutzung als Gewinnung von Pflanzen oder Pflanzenerzeugnissen oder als gärtnerische Gestaltung. Deshalb seien neben erwerbsgartenbaulich genutzten Flächen auch

Abb. 13: Gärtnerische Nutzung in Kleingärten; Hamburg-Wilhelmsburg.

Hausgärten und Kleingartenanlagen sowie Streuobstwiesen erfasst. Eine gärtnerische Pflege solle hingegen keine Nutzung darstellen, weshalb Sportplätze, Böschungen und Straßengräben nicht umfasst seien.[36]

Das Abgrenzungskriterium der „gärtnerischen Nutzung“ gegenüber der „gärtnerischen Pflege“ erweist sich jedoch als unergiebig. Speziell bei Grünanlagen oder Parks stellt sich die Frage, ob diese, die neben ziergartenähnlichen Teilen und dazu gehörigem Baumbestand auch Liege- oder Sportwiesen umfassen, anhand des Nutzungszweckes geteilt oder gewichtet werden können? Welche Teile des Pflanzenbestandes müssten dann dem Ziergarten, welche der Wiese zugeordnet werden, mit der Folge, dass die zeitlichen Schnittverbote für den Ziergartenteil nicht, jedoch für den Wiesenteil gelten? Oder ab welchem Anteil – räumlich oder qualitativ – würde eine solche Anlage hinreichend „gärtnerisch gepflegt“ sein, um als „gärtnerisch genutzte Grundfläche“ aus dem Anwendungsbereich der zeitlichen Schnittverbote zu fallen (siehe auch Kapitel 2.3 und 2.4)?

Abb. 14: Intensive Pflege für einen Japanischen Garten, Botanischer Garten, Augsburg.

Wie oben aufgezeigt sind in weiten Bereichen der Parkanlagen und Grünflächen die erforderlichen Pflegetätigkeiten zur Sicherung der Funktion vergleichbar intensiv wie die gärtnerischen Arbeiten auf erwerbsgärtnerisch genutzten Flächen oder in Privatgärten.[37]

Zudem dienen alle Maßnahmen zur Pflege und Entwicklung einer Grünfläche – insbesondere großer, multifunktionaler Parkanlagen – der Sicherung der primären Funktion der Freizeit- und Erholungsnutzung und immer auch sekundären Zielen, etwa z. B. dem Naturschutz. Welche Nutzung überwiegt, ist selbst bei intensiver Betrachtung im Einzelfall und als Ergebnis eines Abwägungsprozesses der unterschiedlichen öffentlichen Interessen untereinander häufig kaum zu begründen. Zu den besonders wichtigen natur- und artenschutzrechtlichen bedeutsamen Pflegemaßnahmen in Grünflächen gehören die Gehölzpflege, insbesondere die Baumpflege und damit der Gehölzschnitt.[38]

In der modernen Pflege- und Entwicklungsplanung für Parkanlagen werden deshalb alle gärtnerischen Pflegearbeiten nicht nur auf gestalterische Ziele, sondern immer stärker auf ökologische Verträglichkeit abgestellt, was letztlich auch ökonomisch sinnvoller ist. Parks sind gärtnerisch angelegte Flächen mit einer definierten Zweckbestimmung und vorgesehenen Nutzung; sie benötigen damit zur nachhaltigen Sicherung auch eine intensive gärtnerische Pflege. Dies gilt mit zunehmendem Alter der Parks insbesondere auch für den wertvollen Baumbestand.

Die gärtnerische Nutzung umfasst demnach alle Arten der gärtnerischen Maßnahmen, also neben der Gestaltung gerade auch die Pflege. Letztere ist ein (wesentlicher) Teil der Gestaltung, denn durch die Pflege wird regelmäßig und gezielt entsprechend der festgelegten Planung in die Vegetationsentwicklung eingegriffen und die Umwelt somit gestaltet. Bei einer künstlichen Trennung von Nutzung und Pflege müsste für jeden Garten und jeden Park eine Einzelbetrachtung erfolgen. Denn einerseits können Gärten ausschließlich gepflegt werden, andererseits können auch Parkanlagen gärtnerisch aktiv gestaltet werden. So werden Friedhöfe meistens sowohl gepflegt als auch gärtnerisch verändert. Bei Sportanlagen stehen wiederum in der Regel Pflegemaßnahmen im Vordergrund. Das Differenzierungsmerkmal der gärtnerischen Nutzung ist somit weder sachgerecht noch hilfreich.

Hierin liegt auch kein Wertungswiderspruch zu der Freistellung in § 39 Abs. 5 S. 2 Nr. 4 BNatSchG, wie er nach einer Literaturmeinung angeführt wird.[39] Nach dieser Vorschrift gilt das Schnittverbot nicht bei zulässigen Bauvorhaben, wenn nur geringfügiger Gehölzbewuchs zur Verwirklichung der Baumaßnahme beseitigt werden muss. Kratsch ist der Ansicht, dass diese Ausnahme keinen Sinn ergäbe, wenn Gärten in Gänze freigestellt wären.[40] Dem liegt jedoch die unzutreffende Annahme zu Grunde, dass jedes Bauvorhaben auf einer Gartenfläche verwirklicht wird. Das kann zwar der Fall sein, muss aber nicht. Ebenso werden Bauvorhaben beispielsweise auf brachliegenden Flächen oder ehemaligem Acker- oder Weideland verwirklicht. Wenn das Bauvorhaben keinen Eingriff im Sinne des § 14 Abs. 1 BNatSchG darstellt, so gelten trotzdem § 39 Abs. 5 S. 1 Nr. 2 und Abs. 5 S. 2 Nr. 4 BNatSchG.

Es kommt somit nur darauf an, ob eine Fläche gärtnerisch genutzt wird.

In welcher Form – ob durch Ernte-, Gestaltungs- oder Pflegemaßnahmen – ist hingegen unerheblich. Deshalb fallen neben Gärten und Kleingartenanlagen in der Regel auch Außenanlagen unter den Begriff „gärtnerisch genutzte Grundflächen“. Die Auffassung, Gärten und Kleingartenanlagen seien von den Schnittverboten erfasst, Außenanlagen wie Parks und Friedhöfe jedoch nicht, überzeugt daher nicht. Es ist aufgezeigt worden, dass die hierfür notwendige Trennung nach gärtnerischer Nutzung und gärtnerischer Pflege[41] weder in der Sache richtig noch praktikabel ist.

Dieses weite Verständnis legen auch Bundesländer wie Nordrhein-Westfalen sowie Verbände wie der BUND und Teile der Literatur zu Grunde, die ebenfalls öffentliche und private Grünanlagen, Sportanlagen und sonstige Außenanlagen sowie Friedhöfe unter den Begriff der „gärtnerisch genutzten Grundflächen“ fallen lassen.[42] Diese Auffassung gelangt letztlich zu dem Ergebnis, dass die überwiegende Zahl der Bäume außerhalb des Waldes gar nicht von den Fäll- und Schnittverboten des § 39 BNatSchG betroffen sind, wenn man von den Straßenbäumen und Alleen an Straßen sowie von den Bäumen in freier Landschaft absieht.[43]

Nach dem Sinn und Zweck des Gesetzes ist diese Betrachtungsweise auch gerechtfertigt, aus baumschutzfachlichen Gründen sogar geboten. Der günstigste Zeitraum für Schnittmaßnahmen liegt nach den oben ausgeführten baumbiologischen Erkenntnissen je nach Parameter zwischen April und August und damit innerhalb der Schnittzeitverbote; ungünstig ist in jedem Fall die Zeit zwischen Oktober und Januar, die außerhalb der Schnittzeitverbote verbleibt. Aufgrund dieser Erkenntnisse wurde in der ZTV-Baumpflege folgende Empfehlung aufgenommen: „Durch Schnittmaßnahmen treten die geringsten Folgeschäden auf, wenn sie während der Vegetationszeit ausgeführt werden, da Wunden dann besser abgeschottet werden und besser überwallen.“[44]

4.4 Artenschutz und Baumpflege

Betrachtet man die ermittelte Auslegung im Lichte des gesetzgeberischen Willen und dem Sinn und Zweck der Regelung, wird deutlich, dass sich diese weite Auslegung des Begriffs „gärtnerisch genutzte Grundflächen“ geradezu aufdrängt und zudem die Berücksichtigung der neuen baumpflegerischen Erkenntnisse zulässt und einen Bogen zwischen Baumschutz und Artenschutz spannt, zwei Lager, die bislang als unvereinbar galten.

Ersichtlich ist die gesamte Vorschrift des § 39 BNatSchG zugleich auf den Natur- und Artenschutz ausgerichtet. So umfasst die Vorschrift Regelungen zum Schutz bestimmter Strukturen, die regelmäßig wichtige Lebensstätten für – auch – gefährdete Tierarten enthalten. Gleichzeitig enthält sie Vorschriften zur Baum- und Gehölzpflege. Um gerade dieses Miteinander und nicht Nebeneinander deutlich zu machen, hat der Gesetzgeber beide Zielsetzungen in einer Vorschrift zusammengefasst. Nach Aussage des Bundesministeriums für Umwelt, Naturschutz und Reaktorsicherheit (BMU) gelten die Baumschutzregeln als Artenschutz im Sinne des Erhalts des Lebensraumes für alle dort lebenden und auf dieses Habitat angewiesenen Arten. Der Baumschutz und der Schutz weiterer Arten, wie Brutvögel, stehen gleichberechtigt nebeneinander, formuliert in einer Vorschrift. Die Baum- und Gehölzpflege ist sowohl Artenschutz, sie erkennt Bäume als eigene Art, und dient zugleich dem Schutz des Lebensraums, den diese Art für andere Arten zur Verfügung stellt. Bei der im gesamten Naturschutzbereich gebotenen ganzheitlichen Betrachtung lässt sich dieser Zusammenhang nicht bestreiten. Ist das Habitat beeinträchtigt oder in Gefahr, sind auch die auf diesen Lebensraum angewiesenen weiteren Arten in Gefahr. Ein Auseinanderdividieren von Baumpflege einerseits und Artenschutz andererseits verbietet sich daher schon nach den Grundsätzen der systematischen Auslegung.

Aus diesen Gründen sind die artenschutzrechtlichen Bestimmungen des BNatSchG im Einklang mit baumschutzfachlichen Belangen zu sehen. Praktisch erfolgt dies durch die Kontrolle der Bäume hinsichtlich der Verkehrssicherheit und der Pflegeplanung sowie die Prüfungen vor jeder Frühjahrs- oder Sommerpflegemaßnahme auf vorhandene Nist- und Ruhestätten von besonders geschützten Arten und deren Berücksichtigung bei Maßnahmen.

Dieses Verständnis entspricht dem Zweck des Gesetzes. Die Vorschrift dient in erster Linie dem Vogelschutz während der Brutzeit. Dieses Ziel wird aber bereits durch § 39 Abs. 1 Nr. 3 BNatSchG gewährleistet, da Bäume mit genutzten Nestern nicht ohne vernünftigen Grund gefällt werden dürfen. Denn danach sind die Lebensstätten wild lebender Tiere geschützt. Lebensstätten sind nach § 7 Abs. 2 Nr. 5 BNatSchG die regelmäßigen Aufenthaltsorte wild lebender Tiere, also insbesondere deren Fortpflanzungs- und Ruhestätten.[45] Daneben sind die Schutzvorschriften des besonderen Artenschutzes zu beachten. Nach § 44 Abs. 1 Nr. 3 BNatSchG ist es verboten, Fortpflanzungs- oder Ruhestätten wild lebender Tiere von besonders geschützten Arten aus der Natur zu entnehmen, zu beschädigen oder zu zerstören. Somit sind Nistplätze bzw. Lebensräume schon über diese Vorschriften geschützt.[46]

In diesem Zusammenhang muss nochmals darauf hingewiesen werden, dass nicht jeder Schnitt an einem Baum als eine „Pflege" einzustufen ist. Die ZTV-Baumpflege (2017) führt als Pflege den Erziehungs- und Aufbauschnitt, den Lichtraumprofilschnitt, die Totholzbeseitigung sowie die Kronenpflege aus. Stärkere Maßnahmen, wie z. B. die Einkürzung oder Sofortmaßnahmen an geschädigten Baumkronen, sind dort als stark eingreifende Schnittmaßnahmen definiert, da sie das Erscheinungsbild

Abb. 15: Altbäume sind wertvolle Lebensräume.

des Baumes erheblich verändern und größere Teile des Kronenvolumens verloren gehen. Diese Differenzierung sollte auch im Zusammenhang mit dem Artenschutz Anwendung finden. Mit einer fachgerechten Baumpflege wird Lebensraum für Tiere geschaffen bzw. erhalten. Eine Abgrenzung oder Ausgrenzung naturschutzfachlicher Kompetenz einerseits oder gärtnerischer Kompetenz andererseits führt somit nicht zum Ziel. Naturschutzbelange sind eben auch integraler Bestandteil der Baumpflege. Ein grundsätzliches Schnittverbot vom 1. März bis zum 30. September nach § 39 Abs. 5 S. 1 Nr. 2 BNatSchG stünde folglich einer schonenden Baumpflege entgegen. Eine optimale Pflege des Baumes als Biotop für viele Vögel, Fledermäuse und Insektenarten wäre damit mindestens erschwert, wenn nicht gar konterkariert. Dieses gilt umso mehr in Anbetracht steigender Umweltbelastungen, denen ganz besonders Stadtbäume ausgesetzt sind.

Der Zusammenhang von Baumpflege im Jahresverlauf und Artenschutz ist eine Kernaufgabe für die Zukunft im Hinblick auf die Sicherung der Funktion von Grünanlagen in den Städten sowie den Schutz von Bäumen als prägendes Element und Lebensraum für Tiere. Eine Abgrenzung oder Ausgrenzung naturschutzfachlicher

Abb. 16: Sehr alter Baumbestand muss vor Schnittmaßnahmen sorgfältig auf Lebensräume kontrolliert werden, Lindenallee in Forst/Neiße.

Kompetenz einerseits oder gärtnerischer Kompetenz andererseits ist nicht praktikabel und kann vom Gesetzgeber nicht gewollt sein. Naturschutzbelange können und müssen integraler Bestandteil der ganzjährigen Baumpflege sein. Gesetzliche Ausschlussfristen für Schnittmaßnahmen würden sogar eine nach fachlichen Gesichtspunkten biologisch sinnvolle Baumpflege als Grundlage für einen wirkungsvollen Artenschutz in Grünflächen behindern, wenn baumerhaltende Pflegemaßnahmen verhindert werden.

4.5 Folgerungen und Entwicklungen

Die Betrachtung der Praxis zeigt also, dass über das Abgrenzungskriterium „gärtnerische Nutzung oder vergleichbar intensive gärtnerische Gestaltung und Pflege" keine Differenzierung zwischen Hausgärten und Kleingartenanlagen einerseits und Grünanlagen, wie Parks, Sportplätzen und Friedhöfen andererseits fachlich begründbar ist. Eine Differenzierung zwischen „gärtnerischer Gestaltung" und „gärtnerischer Pflege", wie es beispielsweise die Bundesländer Schleswig-Holstein und teilweise auch Bayern anführen, ist ebenfalls nicht schlüssig. Auch die Grünanlagen müssen zunächst einmal bei der Einrichtung gestaltet werden und unterliegen je nach dem Nutzungsbedürfnis auch Umgestaltungen, so z. B. wenn sich ein Biotop oder ein besonders schützenswertes Habitat gebildet hat. Auch wird man der regelmäßigen Pflege nicht das gestalterische Element absprechen können, denn die Pflege erfolgt nicht wahllos, sondern unter bestimmten Zielvorstellungen. Zudem beachtet diese Auslegung nicht in einem ausreichenden Maße den durch die Systematik und Gesetzesbegründung zum Ausdruck gebrachten gesetzgeberischen Willen eines integrierten Artenschutzes. Die neueren baumbiologischen Erkenntnisse, die die Vorteile einer Baumpflege während der Vegetationsperiode darlegen, finden so Eingang in das geltende Recht. Die möglichst schonende Sicherung des Habitats sichert damit auch die Lebensgrundlage für die übrigen darauf angewiesenen Arten. Dabei darf nicht verkannt werden, dass der konkrete Schutz etwa von Brutvögeln durch diese Auslegung in keiner Weise geschmälert wird. Nach guter fachlicher Baumpflegepraxis verbietet sich von vornherein die Durchführung von Pflegemaßnahmen bei Feststellung von Bruttätigkeiten. Zudem bleibt der Schutz durch §§ 39 Abs. 1 Nr. 3, 44 Abs. 1 BNatSchG mit den Verboten der Beschädigung, Zerstörung von Fortpflanzungs- und Ruhestätten und sogar dem umfassend ausgestalteten Störungsverbot. Daher gibt es keine Rechtfertigung dafür, Bäumen in Grünanlagen den ihnen zugedachten Artenschutz durch eine fachlich nicht unterlegte und juristisch nicht differenzierende Auslegung zu verwehren.

Dieser wohlausgewogene Ausgleich zwischen Baum- und Artenschutz, wie er in der Vorschrift des § 39 BNatSchG zum Ausdruck kommt, namentlich in der ausdifferenzierten Schnittzeitenregelung des Abs. 5 sollte tunlichst weder durch abweichende Regelungen der Bundesländer noch durch Baumschutzsatzungen angetastet werden. Dies haben die beispielhaft erwähnten Bundesländer mit der jeweiligen Streichung abweichender Vorschriften auch erkannt. Weder dienen Abweichungen einem vermehrten Artenschutz, denn sie berücksichtigen nicht die neueren baumfachlichen Erkenntnisse und vergessen damit den Baum als eigene Art, noch führen sie zu Rechtsklarheit. Eine Rechtszersplitterung durch unterschiedliche Länder- oder Gemeinderegelungen würde die Zweckerreichung des Gesetzes konterkarieren.[47] Jedenfalls auf der Ebene der Bundesländer scheint dies weitestgehend verstanden worden zu sein, indem vom Bundesnaturschutzgesetz abweichende Regelungen weitestgehend gestrichen und neue abweichende Regelungen unterlassen wurden (vgl. Anhang: Übersicht der Länderregelungen).

Zusammenfassend lässt sich somit folgern, dass die zeitlichen Schnittverbote für Hausgärten und Kleingartenanlagen sowie Streuobstwiesen, öffentliche und private Grünanlagen, Sportanlagen und sonstige Außenanlagen sowie Friedhöfe keine Geltung haben. Für Straßenbäume und Alleen an Straßen sowie für Bäume in freier Landschaft und natürlich Hecken, lebende Zäune, Gebüsche und andere Gehölze gelten die Schnittverbote in der Zeit vom 01. März bis 30. September; zulässig sind schonende Form- und Pflegeschnitte zur Beseitigung des Zuwachses oder zur Gesunderhaltung, im Sinne der ZTV-Baumpflege, die nicht als stark eingreifende Schnittmaßnahmen aufgeführt sind.

1 Gesetz zur Neuregelung des Rechts des Naturschutzes und der Landschaftspflege vom 27.09.2009, BGBl. I 2009, S. 2542.

2 Vgl. dazu BERGHOFF/STEG, Das neue Bundesnaturschutzgesetz und seine Auswirkungen auf die Naturschutz-Gesetze der Länder, NuR 2010, 17 (23); LOUIS, Das neue BNatSchG, NuR 2010, 77 (86).

3 Vgl. HEUGEL in: LÜTKES/EWER, Bundesnaturschutzgesetz, 2. Aufl. 2018, § 39 Rn. 19.

4 Eingeführt durch das Gesetz zur Änderung des Bundesnaturschutzgesetzes vom 15.09.2017, BGBl. I 2017, S. 3434.

5 Vgl. BT-Drs. 16/12274, S. 68.

6 Vgl. EGNER in: EGNER/FUCHS, Naturschutz- und Wasserrecht 2009, 2009, Teil A II Rn. 31.

7 Vgl. HEUGEL, a.a.O., § 39 Rn. 21.

8 Vgl. LÜTKES in: LÜTKES/EWER, Bundesnaturschutzgesetz, 2. Aufl. 2018, Einleitung Rn. 29; vgl. auch KERN in: ROLOFF/THIEL/WEISS, Aktuelle Fragen der Baumpflege, Baumverwendung und Jungbaumpflege, Tagungsband Dresdner StadtBaumtage 2011, S. 32 (37).

9 Vgl. PIEROTH in: JARASS/PIEROTH, Grundgesetz, 15. Aufl. 2018, Art. 72 Rn. 32 m.w.N.

10 Vgl. LÜTKES, a.a.O., Einleitung Rn. 43.

11 Vgl. KERN, a.a.O., S. 32 (35).

12 Vgl. GELLERMANN in LANDMANN/ROHMER, BNatSchG, 87. EL Juli 2018, § 28 Rn. 4.

13 Vgl. GELLERMANN, a.a.O., § 29 Rn. 4.

14 Vgl. SCHNAPAUFF in: HÖMIG/WOLFF, Grundgesetz, 12. Aufl. 2018, Art. 72 Rn. 4.

15 Vgl. auch SCHÜTTE/KATTAU, Die Neuordnung des Naturschutzes in den Bundesländern, ZUR 2010, 353 (355), mangels Normverwerfungskompetenz der Landesverwaltungen.

16 Vgl. BT-Drucks. 16/12274, S. 67.

17 Wie etwa die alte Regelung § 26 Abs. 1 Nr. 3c HmbNatSchG; 15. März bis 30. September.

18 Vgl. HEUGEL, a.a.O., § 39 Rn. 12.

19 Vgl. BT-Drucks. 16/12274, S. 67.

20 Gesetz zur Änderung des Bundesnaturschutzgesetzes vom 15.09.2017, BGBl. I 2017, S. 3434.

21 HILSBERG, Schutzregeln geändert, BaumZeitung 01/2010, S. 34 (34) m.w.N.

22 HILSBERG, a.a.O., S. 34 (34) m.w.N.

23 Vgl. EGNER, a.a.O., Rn. 17 m.w.N.

24 So bereits HILSBERG, a.a.O., S. 34 (34).

25 So schon LEHMANN, Bundesnaturschutzgesetz: Risiken für den GaLaBau, Neue Landschaft, 3/11, S. 63 (64).

26 Vgl. HILSBERG, Fragen zu Baum und Recht, BaumZeitung 02/2011, S. 13 (13).

27 Vgl. BRELOER, Baum- und Gehölzpflege nach dem neuen Bundesnaturschutzgesetz, AFZ-Der Wald 8/2010, S. 17 (19); Fachverband FGL S.-H. Baumzeitung 04/2010 S. 6.

28 Ausdrücklich Ziff. 1.2.1 Inhalt, Rechtscharakter ZTV-Baumpflege.

29 Vgl. HILSBERG, Fragen zu Baum und Recht, BaumZeitung 02/2011, S. 13 (13).

30 Vgl. zur alten Fassung: LORZ, Pflanzenschutzrecht, 1989, § 6 Rn. 4.

31 Vgl. die Begründung des Bundesministeriums für Umwelt, Naturschutz und Reaktorsicherheit.

32 Vgl. zur alten Fassung: FLUCK/SCHEIER in: FLUCK, Kreislaufwirtschafts-, Abfall- und Bodenschutzrecht, Loseblatt Stand: Oktober 2010, § 8 Rn. 80 m.w.N.; VERSTEYL in: KUNIG/PAETOW/VERSTEYL, Kreislaufwirtschafts- und Abfallgesetz, 2. Aufl. 2003, § 8 Rn. 27.

33 Vgl. BT-Drs. 10/1262, S. 24; LORZ, a.a.O., § 6 Rn. 4.

34 Vgl. HEUGEL, a.a.O., § 39 Rn. 12; anderer Ansicht STÖCKEL/MÜLLER-WALTER in: ERBS/KOHLHAAS, Strafgesetzliche Nebengesetze, Stand April 2018, § 39 BNatSchG Rn. 25.

35 Vgl. Erlass des Ministeriums für Landwirtschaft, Umwelt und ländliche Räume des Landes Schleswig-Holstein vom 30.07.2010; Ergänzende Hinweise zum Inkrafttreten des neuen Bundesnaturschutzgesetzes Bayerisches Staatsministerium für Umwelt und Gesundheit vom 12.03.2010.

36 Vgl. Bayerisches Staatsministerium für Umwelt und Gesundheit, Ergänzende Hinweise zum Inkrafttreten des neuen Bundesnaturschutzgesetzes am 1. März 2010 vom 12.03.2010, S. 2.

37 Vgl. BAUMGARTEN/RIECHE, Was sind „gärtnerisch genutzte Flächen" im Sinne des neuen Bundesnaturschutzgesetzes? ProBaum 4/2010, S. 18.

38 Vgl. BAUMGARTEN/RIECHE, a.a.O., S. 18.

39 So aber KRATSCH in: SCHUMACHER/FISCHER-HÜFTLE, Bundesnaturschutzgesetz, 2. Aufl. 2010, § 39 Rn. 28.

40 Vgl. KRATSCH, a.a.O., § 39 Rn. 28.

41 So das Bayerische Staatsministerium für Umwelt und Gesundheit, Ergänzende Hinweise zum Inkrafttreten des neuen Bundesnaturschutzgesetzes am 1. März 2010 vom 12.03.2010.

42 Vgl. BRELOER, a.a.O., S. 17 (17); Erlass des Ministeriums für Klimaschutz, Umwelt, Landwirtschaft, Natur- und Verbraucherschutz des Landes Nordrhein-Westfalen vom 03.03.2010.

43 Vgl. BRELOER, a.a.O., S. 17 (17).

44 ZTV-Baumpflege 6. Auflage 2017, 02, S. 12

45 Vgl. GELLERMANN, a.a.O., § 7 Rn. 17; GASSNER/HEUGEL, Das neue Naturschutzrecht, 2010, Rn. 541.

46 Vgl. auch HEUGEL, a.a.O § 39 Rn. 13. Aktualisieren dito

47 Vgl. auch BT-Drucks. 16/12274, S. 39; SCHÜTTE/KATTAU, a.a.O., S. 353 (353).

Weiterführende Literatur

BAUMGARTEN, H.; RIECHE, T., 2010: „Was sind „gärtnerisch genutzte Flächen" im Sinne des neuen Bundesnaturschutzgesetzes?", ProBaum 4/2010, S. 18.

BERGHOFF, P.; STEG, K., 2010: „Das neue Bundesnaturschutzgesetz und seine Auswirkungen auf die Naturschutz-Gesetze der Länder", Natur und Recht (NuR) 2010, S. 17.

BRELOER, H., 2010: „Baum- und Gehölzpflege nach dem neuen Bundesnaturschutzgesetz", AFZ-Der Wald 8/2010, S. 17.

EGNER, M.; FUCHS, R., 2009: Naturschutz- und Wasserrecht 2009, 2009.

ERBS, G.; KOHLHAAS, M.: Strafrechtliche Nebengesetze, Loseblattsammlung, Stand: August 2018.

FLUCK, J.; Kreislaufwirtschafts-, Abfall- und Bodenschutzrecht, Loseblatt, Stand: Oktober 2010.

HILSBERG, R., 2010: „Schutzregeln geändert", BaumZeitung 01/2010, S. 34.

HILSBERG, R., 2011: Fragen zu Baum und Recht, BaumZeitung 02/2011, S. 13.

HÖMIG, D.; WOLFF, H. A., 2018: Grundgesetz, 15. Aufl. 2018.

JARASS, H. D.; PIEROTH, B., 2018: Grundgesetz, 15. Aufl. 2018.

KUNIG, P.; PAETOW, S.; VERSTEYL, L.-A., 2003: Kreislaufwirtschafts- und Abfallgesetz, 2. Aufl. 2003.

LANDMANN, R. von; ROHMER, G.: Umweltrecht, Loseblattsammlung Stand Juli 2018.

LEHMANN, H., 2011: „Bundesnaturschutzgesetz: Risiken für den GaLaBau", Neue Landschaft, 3/11, S. 63.

LORZ, A., 1989: Pflanzenschutzrecht, 1989.

LOUIS, H. W., 2010: Das neue BNatSchG, Natur und Recht (NuR) 2010, S. 77.

LÜTKES, S.; EWER, W., 2018: Bundesnaturschutzgesetz, 2. Aufl. 2018.

ROLOFF, A.; THIEL, D.; WEISS, H., 2011: Aktuelle Fragen der Baumpflege, Baumverwendung und Jungbaumpflege, Tagungsband Dresdner StadtBaumtage 2011.

SCHUMACHER, J.; FISCHER-HÜFTLE, P., 2010: Bundesnaturschutzgesetz, 2. Aufl. 2010.

SCHÜTTE, P.; KATTAU, S., 2010: „Die Neuordnung des Naturschutzes in den Bundesländern, Zeitschrift für Umweltrecht", Zeitschrift für Umweltrecht (ZUR) 2010, S. 353.

ZTV-Baumpflege: Zusätzliche Technische Vertragsbedingungen und Richtlinien für Baumpflege, Forschungsgesellschaft Landschaftsentwicklung Landschaftsbau e.V. (FLL) (Hrsg.), 5. Aufl. 2006 und 6. Aufl. 2017.

5. Leitfaden

Thomas Rieche und
Dirk Dujesiefken

5.1 Die fachgerechte Vorgehensweise

Der Leitfaden dient zur schnellen Orientierung und der systematischen Erfassung der vielfältigen Probleme und Erwägungen, die bei Schnitt- und Pflegemaßnahmen unter Berücksichtigung der derzeit bestehenden Schnittzeitenregelung zu beachten sind. Er soll dem Anwender erlauben, durch Einhaltung von sechs Prüfungsschritten selbst eine gerichtsfeste und Haftung vermeidende Einschätzung der Zulässigkeit einer Maßnahme vornehmen zu können. Eine Einbeziehung aller Besonderheiten eines Einzelfalles kann dabei zweifellos nicht geleistet werden. Die Mehrzahl der üblichen Fälle lässt sich aber anhand der nachfolgenden Übersicht sicher einordnen.

Die **ersten drei Schritte klären** das „Wo, Was und Wann" einer Maßnahme. Soll die Maßnahme im Wald, in einer Kurzumtriebsplantage oder einer gärtnerisch genutzten Grundfläche, also in Hausgärten, Kleingartenanlagen, Streuobstwiesen und Grünanlagen, wie Parks, Sportplätzen und Friedhöfen, stattfinden, finden die Schnittzeitenbeschränkungen des BNatSchG keine Anwendung, sind also danach immer zulässig. Gleiches gilt im Sinne des 2. Schrittes hinsichtlich des „Was" der Maßnahme, für „schonende Form- und Pflegeschnitte" für alle übrigen Bäume in der freien Landschaft, in Alleen und im Straßenbegleitgrün, bei denen es sich nicht um stark eingreifende Schnittmaßnahmen nach Ziff. 3.3 ff. ZTV-Baumpflege (2017) handelt. Erst wenn bei diesen Bäumen ein Fällen oder eine stark eingreifende Schnittmaßnahme beabsichtigt wird, ist das „Wann" im Sinne der Einhaltung der Schnittzeitenbeschränkungen zu beachten. Während der Zeit vom 1. März bis zum 30. September sind solche Maßnahmen nur aus Gründen der behördlichen Anordnung, unaufschiebbarer Verkehrssicherung, zulässigen (will sagen: genehmigten) Eingriffen oder Bauvorhaben (hier bis ca. 10 % des Bewuchses) zulässig.

Die **Schritte 4 und 5** dienen danach der Prüfung, ob nicht landesrechtliche Regelungen oder etwa Baumschutzsatzungen oder Bebauungspläne weitere, über das Bundesnaturschutzgesetz hinausgehende Vorgaben machen. Ist dies der Fall, gelten auch die landesrechtlichen oder satzungsrechtlichen Ausnahmen oder Befreiungsmöglichkeiten. In der Regel wird für die Zulässigkeit der Maßnahme die Einholung einer Ausnahmegenehmigung erforderlich sein.

Der letzte, **6. Schritt**, steht aber über allen vorherigen.

Geht mit der nach bisheriger Prüfung zulässigen Maßnahme eine Störung oder Beschädigung von Nist- bzw. Ruhestätten oder eine Tötung besonders gefährdeter Arten einher, ist die Maßnahme u. a. nach § 44 BNatSchG trotzdem letztlich unzulässig. Bei einem Verstoß kann dies mit einem Bußgeld von bis zu 50.000,00 Euro, im Übrigen bis zu 10.000,00 Euro bestraft werden. Aus diesen Gründen ist es unumgänglich, vor Durchführung der Maßnahme eine konkrete Prüfung auf diese Rechtsgüter vorzunehmen. In diesem Fall kann jegliche Maßnahme nur über eine Ausnahmegenehmigung nach § 45 Abs. 7 BNatSchG durchgeführt werden oder über eine behördliche Anordnung nach § 39 Abs. 5 Satz 2 Ziff. 2 BNatSchG, in deren Rahmen die maßgeblichen Erwägungen zu § 45 Abs. 7 BNatSchG mitgeprüft werden.

Sind baumpflegerische Maßnahmen zur Herstellung der Verkehrssicherheit erforderlich und sind in dem Baum z. B. Nist- oder Ruhestätten von besonders gefährdeten Arten vorhanden, können verschiedene Lösungsvarianten zum Tragen kommen. Möglich sind beispielsweise:

1. Zeitliche Verschiebung der beabsichtigten Maßnahme, z. B. nach Aufenthalt der besonders geschützten Arten bzw. nach Brutbeendigung.
2. Absperrung des gefährdeten Bereichs.
3. Provisorische Sicherung des Baumes für den erforderlichen Zeitraum, z. B. durch Entlastung oder Sicherung des zu schützenden Kronenteils.

Für den Baumeigentümer bzw. für den Verfügungsberechtigten ist es unumgänglich, vor Durchführung der Maßnahme eine konkrete Prüfung vornehmen zu lassen, d. h. es muss die erforderliche oder beabsichtigte Maßnahme z. B. bei der Gemeinde oder dem Kreis beantragt werden. Sind naturschutzrechtliche Belange betroffen, kann jegliche Maßnahme nur durchgeführt werden über eine Ausnahmegenehmigung nach § 45 Abs. 7 BNatSchG oder über eine behördliche Anordnung nach § 39 Abs. 5 Satz 2 Ziff. 2 BNatSchG, in deren Rahmen die maßgeblichen Erwägungen zu § 45 Abs. 7 BNatSchG mitgeprüft werden.

Lösungsansätze für den Zielkonflikt zwischen Naturschutz und Verkehrssicherheit (sowie der Denkmalpflege) wurden in einem Modellprojekt der Deutschen Bundesstiftung Umwelt (DBU) erarbeitet.[1] Es handelte sich um historische Alleen, die hinsichtlich des Naturschutzes bedeutsam waren (Vorkommen verschiedener Rote-Liste-Arten, die auf Baumhöhlen angewiesen sind) und in denen zugleich die Sicherheit des öffentlichen Verkehrs wiederhergestellt werden musste. Hier ging es also nicht um eine kurzfristige Lösung dieses Zielkonfliktes, sondern vor allem um ein möglichst langfristiges Konzept für die Baumpflege und den Naturschutz.

In mehreren Fällen war es möglich, die Verkehrssicherheit durch den Einbau von Kronensicherungen ohne Schnittmaßnahmen wiederherzustellen. Vereinzelt war auch eine Kombination aus Schnittmaßnahmen (z. B. Einkürzung von Kronenteilen gemäß ZTV-Baumpflege) und einer Kronensicherung die Alternative zu umfangreicheren Eingriffen in die Krone. Bei einigen stark geschädigten Bäumen konnte die Verkehrssicherheit weder durch den Einbau einer Kronensicherung noch durch vorsichtige Schnittmaßnahmen wiederhergestellt werden. Hier blieb zur Herstellung der Stand- und Bruchsicherheit lediglich ein Kronensicherungsschnitt mit einer erheblichen Reduktion der Krone. Durch diese starken Rückschnitte

Abb. 17: Durch derartige Holzabdeckungen können nach dem durchgeführten Kronensicherungsschnitt die geöffneten Höhlungen als Lebensräume für höhlenbewohnende Tiere erhalten bleiben.

wurden z. T. größere Höhlungen in den Ästen und Stämmlingen geöffnet. Derartige Höhlungen können Lebensraum für verschiedene Tiere sein. Eine Öffnung durch den Rückschnitt der Krone hat jedoch zur Folge, dass sich das Kleinklima innerhalb dieses Lebensraumes verändert.

Für diesen Fall wurde zur Erhaltung der geöffneten Hohlräume als Sondermaßnahme eine Abdeckung aus Holz verwendet. Durch den Kronensicherungsschnitt hat sich das Erscheinungsbild der Bäume zwar verändert, die die Allee prägenden Stämme konnten jedoch erhalten werden. Durch die Abdeckung der geöffneten Hohlräume im Holz war ein weitgehender Schutz der in den Bäumen lebenden Tiere möglich.

Absterbende oder bereits vollständig abgestorbene Bäume sind häufig Lebensraum für besonders geschützte Arten. Ist dies der Fall, können beispielsweise bei dem erforderlichen Absetzen der Krone oder bei der Fällung die Baumteile an einen Ort transportiert werden, wo die geschützten Arten weiterleben oder schlüpfen können. Sind die zu schützenden Lebensräume im Stamm, kann auch das Belassen des Stammes als sog. Hochstubben eine Lösung sein. Diese Variante bietet sich z. B. in Parkanlagen an, in der Regel jedoch nicht im Bereich von Straßen. Gleiches gilt für die Sicherung von Hochstubben oder Habitatbäumen durch Erdanker. In dem o. g. DBU-Projekt handelte es sich um Eichen mit mehreren Rote-Liste-Arten im Holzkörper. Die historische Allee befand sich auf Privatgrund. Die absterbenden bzw. bereits abgestorbenen Kronenteile wurden abgesetzt und der Stamm durch Erdanker gegen Umsturz gesichert. Wenn dies auch ein Sonderfall bleiben wird, zeigt auch dieses Beispiel, dass die Herstellung der Verkehrssicherheit durch baumpflegerische Maßnahmen kein Widerspruch zum Naturschutz sein muss.

Abb. 18: Sicherung eines Habitatbaumes durch Erdanker.

Umfassende Ausführungen zu dem Themenkomplex „Artenschutz und Baumpflege" enthält das gleichnamige Buch, in dem von den sechs Autoren Handlungsempfehlungen für Baumeigentümer und Baumpfleger erarbeitet wurden.[2]

1 Historische Alleen in Schleswig-Holstein – Geschützte Biotope und grüne Kulturdenkmale. Abschlusspublikation des DBU-geförderten Modellprojektes 2005–2009, Hrsg.: Landesamt für Landwirtschaft, Umwelt und ländliche Räume des Landes Schleswig-Holstein, Landesamt für Denkmalpflege Schleswig-Holstein sowie Institut für Baumpflege Hamburg, 2009, 230 S.

2 Dietz, M.; Dujesiefken, D.; Kowol, T.; Reuther, J.; Rieche, T.; Wurst, C., 2019 (im Druck): Artenschutz und Baumpflege. Haymarket Media, Braunschweig, 143 S.

Übersicht Leitfaden zum Baumschnitt

Schritt 1	Schritt 2	Schritt 3
Wo?	**Was?**	**Wann?**
Wald/Kurzumtriebs-plantagen gärtnerisch genutzte Grundflächen	Pflegemaßnahmen nach ZTV-Baumpflege 2017	jederzeit
	Fällen/stark eingreifende Schnittmaßnahmen ZTV-Baumpflege 2017	jederzeit
	Unaufschiebbare Verkehrssicherungs-maßnahmen	jederzeit
Einzelbäume in Natur + Landschaft Alleen Straßenbegleitgrün	Pflegemaßnahmen nach ZTV-Baumpflege 2017	jederzeit
	Fällen/stark eingreifende Schnittmaßnahmen ZTV-Baumpflege 2017	1.3.–30.09. unzulässig außerhalb zulässig
	– behördlich angeordnet – unaufschiebbare Verkehrs-sicherung – zulässige Eingriffe in Natur + Landschaft – zulässige Bauvorhaben ca. 10 % des Bewuchses	jederzeit

Schritt 4	Schritt 5	Schritt 6
Abweichendes Landesrecht	Baumschutzsatzung	Konkrete Naturschutzrelevanz, Nist-Ruhestätte
fen	prüfen	unzulässig
Ausnahmegenehmi- g nach Landesrecht	ggf. Ausnahmegenehmigung nach Baumschutzsatzung	
fen	prüfen	unzulässig
Ausnahmegenehmi- g nach Landesrecht	ggf. Ausnahmegenehmigung nach Baumschutzsatzung	
fen	prüfen	unzulässig
Ausnahmegenehmi- g nach Landesrecht	ggf. Ausnahmegenehmigung nach Baumschutzsatzung	– Ausnahmegenehmigung § 45 Abs. 7 BNatSchG – behördliche Anordnung einholen
en	prüfen	unzulässig
Ausnahmegenehmi- g nach Landesrecht	ggf. Ausnahmegenehmigung nach Baumschutzsatzung	
en	prüfen	unzulässig
Ausnahmegenehmi- g nach Landesrecht	ggf. Ausnahmegenehmigung nach Baumschutzsatzung	
en	prüfen	zulässig
Ausnahmegenehmi- g nach Landesrecht	ggf. Ausnahmegenehmigung nach Baumschutzsatzung	

5.2 Praxisbeispiele

Die bisherigen Ausführungen zeigen, dass die rechtlichen Rahmenbedingungen nach Bundesrecht für die Baumpflege nicht in eine einfache und übersichtliche Handlungsanweisung münden können. **Je nach Bundesland sind die eventuell vorhandenen abweichenden Landesregelungen sowie kommunale Baumschutzsatzungen zu prüfen. Ansprechpartner für Ausnahmeregelungen ist i. d. R. die Kommune oder der Kreis. Die Ausnahmegenehmigung nach Landesrecht oder Baumschutzsatzung beinhaltet nicht unbedingt die artenschutzrechtliche Ausnahmegenehmigung; auf Naturschutzrelevanz oder Nist- und Ruhestätten ist immer konkret zu prüfen. Anders verhält es sich bei einer behördlichen Anordnung, die dies mit umfassen muss.**

Im Folgenden erläutern mehrere Fallbeispiele aus der Praxis die Vorgehensweise.

Beispiel 1:

Fällung einer unterdrückt stehenden Linde in einem Park

Ausgangssituation:
Die Linde in der Parkanlage steht unterdrückt, sie hat dort keine Entwicklungsmöglichkeiten und zeigt bereits aufgrund der Beschattung durch die Nachbarbäume eine schwache Vitalität. Sie soll gefällt werden.

Folgerung für die Baumpflege:
Die Fällung dieser Linde ist als „Pflegehieb“ zu jeder Zeit möglich, da es sich um eine Pflegemaßnahme auf einer gärtnerisch genutzten Grundfläche handelt. Vor Durchführung der Maßnahme muss jedoch geprüft werden, ob in dem Baum konkrete naturschutzrelevante Nist- bzw. Ruhestätten vorhanden sind (siehe hierzu auch Beispiel 2).

Beispiel 2:

Totholzentfernung an einer älteren Eiche in einem Park

Ausgangssituation:

Die Eiche in einer Parkanlage hat vor allem in der unteren Krone stärkeres Totholz gebildet. Aus Gründen der Verkehrssicherungspflicht soll dieses umgehend entfernt werden.

Folgerung für die Baumpflege:

Eine Totholzentfernung ist nach BNatSchG zu jeder Zeit möglich, da es sich um eine gärtnerisch genutzte Grundfläche handelt. Weiterhin ist gemäß ZTV-Baumpflege die Totholzentfernung ein schonender Form- und Pflegeschnitt.

Vor Durchführung der Maßnahme muss jedoch geprüft werden, ob in dem Baum konkrete naturschutzrelevante Nist- bzw. Ruhestätten vorhanden sind. Sind diese vorhanden, ist die Durchführung der Maßnahme unzulässig. Zulässig ist sie nur, wenn es sich um eine unaufschiebbare Verkehrssicherung handelt bzw. wenn diese behördlich angeordnet wurde. Sind die Artenschutzbelange gewichtiger als die Gefahrenabwehr, käme ggf. eine zeitliche Verschiebung der Maßnahme bei gleichzeitiger Sicherung oder Sperrung des Gefahrenbereichs in Betracht.

Beispiel 3:

Formschnitt an mehreren Bäumen in einer denkmalgeschützten Parkanlage

Ausgangssituation:
In einem Park soll aus Gründen der Gartendenkmalpflege ein Formschnitt gemäß ZTV-Baumpflege durchgeführt werden. Ein Formschnitt dient der Erziehung von bestimmten architektonischen Baumformen, in diesem Fall einer Kastenform. Mit einem Formschnitt wird (zumeist einmal jährlich) der Zuwachs entfernt, der über die vorgegebene Form hinausgeht.

Folgerung für die Baumpflege:
Auch diese Maßnahme ist gemäß ZTV-Baumpflege ein schonender Form- und Pflegeschnitt, der auf einer gärtnerisch genutzten Grundfläche das ganze Jahr über durchgeführt werden darf. Wie bei den Fallbeispielen 1 und 2 ist jedoch auch hier vor Durchführung der Maßnahme zu prüfen, ob in dem Baum konkrete naturschutzrelevante Nist- bzw. Ruhestätten vorhanden sind.

Beispiel 4:

Fällung einer Douglasie im Privatgarten

Ausgangssituation:
In einem Privatgarten steht eine Douglasie sehr dicht am Haus. Aus der unteren Krone sind in den vergangenen Jahren wiederholt größere Äste abgebrochen und in den Vorgarten sowie auf die Zuwegung gefallen.

Folgerung für die Baumpflege:
Da Gartenanlagen auch zu den gärtnerisch genutzten Grundflächen gehören, ist die Fällung eines Baumes zu jeder Zeit möglich. Es ist jedoch zunächst zu prüfen, ob dieser Baum einem speziellen Schutz unterliegt, z. B. durch eine Baumschutzsatzung. Weiterhin ist vor Durchführung der Maßnahme zu prüfen, ob konkrete naturschutzrelevante Nist- bzw. Ruhestätten im Baum vorhanden sind. Sind diese vorhanden, ist die Durchführung der Fällung unzulässig. Zulässig ist die Maßnahme nur, wenn es sich um eine unaufschiebbare Verkehrssicherung handelt bzw. wenn diese behördlich angeordnet wurde.

Beispiel 5:

Einkürzung der Krone an einer Buche mit Pilzbefall auf Privatgrund

Ausgangssituation:

Der Baum hat im Stammfuß einen umfangreicheren Befall vom Riesenporling und ist nicht mehr verkehrssicher. Trotz des Befalls soll der Baum in der Gartenanlage so lange wie möglich erhalten werden.

Folgerung für die Baumpflege:

Auch wenn eine Einkürzung der Krone im Privatgarten gemäß BNatSchG jederzeit möglich ist, muss geprüft werden, ob ein weiterer Schutz z. B. über die Baumschutzsatzung gegeben ist und ob konkrete naturschutzrelevante Nist- bzw. Ruhestätten vorhanden sind. Sind die Artenschutzbelange gewichtiger als die Gefahrenabwehr, käme ggf. eine zeitliche Verschiebung der Maßnahme bei gleichzeitiger Sicherung oder Sperrung des Gefahrenbereichs in Betracht. Bei behördlich angeordneter, unaufschiebbarer Verkehrssicherung ist die Maßnahme zulässig.

Beispiel 6:

Kronenpflege und Einkürzung der Krone an einem Straßenbaum

Ausgangssituation:
Auf dem Mittelstreifen einer Straße steht eine Linde, die aufgrund der schlechten Standortbedingungen in der Oberkrone stark vergreist ist. Aufgrund des Totholzes ist der Baum zurzeit nicht verkehrssicher.

Folgerung für die Baumpflege:
Im Gegensatz zur Kronenpflege ist gemäß ZTV-Baumpflege die Einkürzung der Krone eine stark eingreifende Maßnahme. Da der Baum nicht auf einer gärtnerisch genutzten Grundfläche steht, ist somit die Durchführung der Einkürzung in der Zeit zwischen dem 1. März und dem 30. September unzulässig. Unabhängig davon muss jedoch auch in der zulässigen Zeit eine Prüfung hinsichtlich vorhandener Nist- und Ruhestätten erfolgen und ist die Maßnahme ggf. entsprechend zu beantragen. Zulässig ist die Maßnahme zwischen dem 1. März und dem 30. September nur dann, wenn eine Gefahr von dem Baum ausgeht und die Einkürzung behördlich angeordnet wird.

Beispiel 7:

Lichtraumprofilschnitt an einem Straßenbaum

Ausgangssituation:

Die Rosskastanie nahe der Straße reicht mit den unteren Ästen in das Lichtraumprofil. Aufgrund dieser Äste ist die Verkehrssicherheit zurzeit nicht gegeben.

Folgerung für die Baumpflege:

Der Lichtraumprofilschnitt gemäß ZTV-Baumpflege gehört zu den schonenden Form- und Pflegeschnitten und ist deshalb auch auf nicht gärtnerisch genutzten Grundflächen ganzjährig möglich. Liegen konkrete naturschutzrelevante Nist- bzw. Ruhestätten vor, ist diese Pflegemaßnahme jedoch unzulässig. Handelt es sich aber im konkreten Fall um eine unaufschiebbare Verkehrssicherungsmaßnahme, ist hier eine Ausnahmegenehmigung bzw. eine behördliche Anordnung einzuholen, mit der die Schnittmaßnahmen dann zulässig wären.

Beispiel 8:

Einkürzung der Krone an einem Straßenbaum

Ausgangssituation:
Im Stamm des Baumes sind Risse vorhanden und durch eine Baumuntersuchung wurde im Stamminneren eine Fäule festgestellt. Der Baum ist nicht mehr verkehrssicher, kann jedoch durch eine Einkürzung der Krone wieder verkehrssicher hergestellt werden.

Folgerung für die Baumpflege:
Wie im Fallbeispiel 6 steht der Baum nicht auf einer gärtnerisch genutzten Grundfläche. Die Einkürzung ist kein schonender Form- und Pflegeschnitt nach ZTV-Baumpflege und damit in der Zeit zwischen dem 1. März und dem 30. September unzulässig. Handelt es sich um eine unaufschiebbare Verkehrssicherung, die behördlich angeordnet ist, ist diese Gefahrenabwehr jederzeit möglich. Konkrete naturschutzrelevante Nist- bzw. Ruhestätten sind im Rahmen dieser behördlichen Anordnung mitgeprüft.

Beispiel 9:

Sofortmaßnahmen auf einem Friedhof an einer geschädigten Baumkrone nach einem Sturmereignis

Ausgangssituation:

Beim letzten Sturm ist es auf dem Friedhofsgelände zu einem Kronenbruch gekommen. Auf Grund des Verlustes eines Kronenteils ist jetzt eine Sofortmaßnahme gemäß ZTV-Baumpflege erforderlich. Sofortmaßnahmen an geschädigten Baumkronen nach unvorhersehbaren Ereignissen dienen der Gefahrenbeseitigung sowie der Erhaltung und zukünftigen Entwicklung des Baumes.

Folgerung für die Baumpflege:

Friedhöfe gehören wie Kleingartenanlagen und Sportplätze zu den gärtnerisch genutzten Grundflächen. Somit sind auch die Sofortmaßnahmen, die zu den stark eingreifenden Maßnahmen gehören, jederzeit möglich. Liegen jedoch konkrete naturschutzrelevante Nist- bzw. Ruhestätten vor, bedarf es einer Ausnahmegenehmigung bzw. einer behördlichen Anordnung, um die Maßnahmen durchführen zu können.

Beispiel 10:

Fällung einer Pappel im Rahmen eines Bauvorhabens

Ausgangssituation:
Auf dem Baugrundstück steht nahe den bereits im Bau befindlichen Gebäuden eine alte Pappel. Das Bauvorhaben ist genehmigt. Aufgrund der Nähe der Gebäude zu dem Baum kann die Pappel nicht erhalten werden.

Folgerung für die Baumpflege:
Das Baugrundstück fällt als Hausgarten unter die gärtnerisch genutzten Grundflächen und eine Fällung ist deshalb ganzjährig möglich. Dennoch ist vorab zu prüfen, ob der Baum durch eine Baumschutzsatzung oder z. B. über den Bebauungsplan geschützt ist. In dem Fall wäre hierzu ein Antrag bei der genehmigenden Behörde in der Kommune bzw. im Kreis zu stellen.

Unabhängig davon ist zu prüfen, ob konkrete naturschutzrelevante Nist- bzw. Ruhestätten vorliegen. Wenn dies der Fall ist, wäre die Fällung ebenfalls nur über eine Ausnahmegenehmigung bzw. behördliche Anordnung möglich.

Beispiel 11:

Fällung eines Straßenbaumes für eine Tiefbaumaßnahme

Ausgangssituation:
Für die Realisierung einer neuen Bushaltestelle müssen außerhalb der bestehenden Fahrbahn umfangreichere Tiefbaumaßnahmen erfolgen. Die Voruntersuchungen gemäß DIN 18920 haben ergeben, dass bei der Realisierung dieses Bauvorhabens der Erhalt der Linde nicht möglich ist.

Folgerung für die Baumpflege:
Alleen bzw. Straßenbegleitgrün gehören nicht zu den gärtnerisch genutzten Grundflächen, sodass die Fällung (ebenso wie Kronenschnittmaßnahmen) in der Zeit zwischen dem 1. März und dem 30. September nicht erlaubt ist. Handelt es sich jedoch um zulässige Eingriffe in Natur und Landschaft bzw. zulässige Bauvorhaben, bei denen nur etwa 10 % des Bewuchses entfernt werden, sind diese Maßnahmen trotzdem zulässig. Voraussetzung hierfür ist, dass keine konkreten naturschutzrelevanten Nist- bzw. Ruhestätten vorliegen oder, falls dies der Fall ist, die Maßnahme behördlich angeordnet ist.

Beispiel 12:

Kroneneinkürzung an einem Habitatbaum

Ausgangssituation:
Die Rosskastanie steht an einem Weg auf einem Hochschulgelände. Der Baum weist vielfältige Schäden auf (Fäulen im Stamminneren sowie eingefaulte Astungswunden im Kronenansatz). Der Baum ist daher nicht mehr verkehrssicher. In der oberen Krone ist eine Höhlung von einer Eule bewohnt.

Folgerung für die Baumpflege:
Dieser Baum ist aufgrund verschiedener Schäden nicht mehr verkehrssicher und weist zugleich konkrete naturschutzrelevante Nist- und Ruhestätten auf. Damit ist die erforderliche Einkürzung unzulässig. Zulässig ist die Maßnahme nur, wenn es sich um eine unaufschiebbare Verkehrssicherung handelt bzw. wenn diese behördlich angeordnet wurde. Sind die Artenschutzbelange gewichtiger als die Gefahrenabwehr, käme ggf. eine zeitliche Verschiebung der Maßnahme bei gleichzeitiger Sicherung oder Sperrung des Gefahrenbereichs in Betracht. Die Einkürzung ist in jedem Fall so gering wie möglich auszuführen, wie es die Verkehrssicherheit unbedingt erfordert.

Anhang: Übersicht Landesrecht Schnittzeitregelung (Stand 06.03.2019)

Baden-Württemberg	Naturschutzgesetz (NatSchG) v. 23.06.2015, zul. geändert 21.11.2017	(–)
Bayern	Bayerisches Naturschutzgesetz (BayNatSchG) v. 23.02.2011, zul. geändert 24.07.2018	(–)
Berlin	Berliner Naturschutzgesetz (NatSchG Bln.) v. 29.05.2013	(–)
Brandenburg	Brandenburgisches Ausführungsgesetz zum Bundesnaturschutzgesetz (BbgNatSchAG) v. 21.01.2013	(–)
Bremen	Bremisches Naturschutzgesetz (BremNatG) v. 22.11.2017	(–)
Hamburg	Hamburgisches Gesetz zur Ausführung des Bundesnaturschutzgesetzes (HmbBNatSchAG) v. 11.05.2011, zul. geändert 13.05.2014	(–)
Hessen	Hessisches Ausführungsgesetz zum Bundesnaturschutzgesetz (HAGBNatSchG) v. 20.12.2010, zul. geändert 28.05.2018	(–)
Mecklenburg-Vorpommern	Naturschutzausführungsgesetz (NatSchAG M-V) v. 23.02.2010, zul. geändert 05.07.2018	§ 18
Niedersachsen	Niedersächsisches Ausführungsgesetz zum Bundesnaturschutzgesetz (NAGBNatSchG) v. 19.02.2010	(–)
Nordrhein-Westfalen	Landschaftsgesetz (LNatSchG NRW) v. 21.07.2000, zul. geändert 25.22.2016	(–)
Rheinland-Pfalz	Landesnaturschutzgesetz (LNatSchG) v. 06.10.2015, zul. geändert 21.12.2016	(–)
Saarland	Saarländisches Naturschutzgesetz (SNG) v. 05.04.2006, zul. geändert 13.10.2015	§ 32 (alt): Erweiterung des Schnittverbotes auf Bäume in der freien Landschaft, aber mit kürzerem Zeitfenster und eigenen Ausnahmen
Sachsen	Sächsisches Naturschutzgesetz (SächsNatSchG) v. 06.06.2013, zul. geändert 29.04.2015	(–)
Sachsen-Anhalt	Naturschutzgesetz des Landes Sachsen-Anhalt (NatSchG LSA) v. 10.12.2010, zul. geändert 18.12.2015	(–)
Schleswig-Holstein	Landesnaturschutzgesetz (LNatSchG) v. 24.02.2010, zul. geändert 22.10.2018	(–)
Thüringen	Thüringer Gesetz für Natur und Landschaft (ThürNatG) v. 30.08.2006, zul. geändert 18.12.2018	§ 30 Abs. 1 Nr. 4: u. a. Verbot, Horstbäume von Großvögeln zu beseitigen und vom 01.12. bis 30.09. Bäume mit Horsten oder Bruthöhlen zu besteigen

(–) = keine Abweichung vom Bundesrecht

Autoren

Dipl.-Ing. Heiner Baumgarten
Ehem. Präsident der GALK
Habichthorst 8
21684 Stade
Tel. +49 41 41-51 05 55
heiner.baumgarten@t-online.de

Prof. Dr. Dirk Dujesiefken
Institut für Baumpflege
Brookkehre 60
21029 Hamburg
Tel. +49 40-72 41 31-0
Fax +49 40-72 12 11 3
dirk.dujesiefken@institut-fuer-baumpflege.de

RAin Janina Reuther
Reuther-Rieche Rechtsanwälte
Palmaille 59
22767 Hamburg
Tel. +49 40-3 09 99 99-39
Fax +49 40-3 09 99 99-33
janina.reuther@reuther-rieche.de

RA Thomas Rieche
Reuther-Rieche Rechtsanwälte
Palmaille 59
22767 Hamburg
Tel. +49 40-3 09 99 99-40
Fax +49 40-3 09 99 99-33
rieche@reuther-rieche.de